为了没有盲区的天空
——火控雷达专家王越的故事

科技托起国防梦丛书

国家出版基金项目

吕瑞花 龚梓健 编著

科学普及出版社
·北京·

图书在版编目（CIP）数据

为了没有盲区的天空：火控雷达专家王越的故事 / 吕瑞花，龚梓健编著 . — 北京：科学普及出版社，2018.3

（科技托起国防梦丛书）

ISBN 978-7-110-09718-2

Ⅰ.①为… Ⅱ.①吕… ②龚… Ⅲ.①王越—生平事迹—通俗读物 Ⅳ.① K826.16-49

中国版本图书馆 CIP 数据核字（2017）第 315311 号

策划编辑	许 慧 韩 颖
责任编辑	何红哲 李 红
装帧设计	中文天地
责任校对	焦 宁
责任印制	李晓霖

出 版	科学普及出版社
发 行	中国科学技术出版社发行部
地 址	北京市海淀区中关村南大街16号
邮 编	100081
发行电话	010-62173865
传 真	010-62179148
网 址	http://www.cspbooks.com.cn
开 本	787mm×1092mm 1/16
字 数	187千字
印 张	11.5
版 次	2018年3月第1版
印 次	2018年3月第1次印刷
印 刷	北京盛通印刷股份有限公司
书 号	ISBN 978-7-110-09718-2 / K·158
定 价	59.00元

（凡购买本社图书，如有缺页、倒页、脱页者，本社发行部负责调换）

科技托起国防梦丛书
科学顾问

林仁华　　郑　晖　　石顺科　　张秀智
俞启宜　　黄东冬　　石　磊　　田小川

编委会

朱明远　　石　磊　　田小川　　张杰伟
张　毅　　许　慧　　李　红　　韩　颖

目录 CONTENTS

1. 故乡与家世 　　　　　　　　　　　　　　1 ~ 10
2. 国难深重的小学和中学时代 　　　　　　　11 ~ 26
3. 作为军人的大学生涯 　　　　　　　　　　27 ~ 54
4. 与新中国雷达事业一起成长 　　　　　　　55 ~ 76
5. 动乱岁月里的科研会战 　　　　　　　　　77 ~ 96
6. 在科学的春天里 　　　　　　　　　　　　97 ~ 138
7. 科教兴国开新篇 　　　　　　　　　　　　139 ~ 177

1

故乡与家世

- 故乡丹阳
- 祖父王宜泰
- 父亲王百先
- 母亲姜锦
- 迁居天津

故乡丹阳

在江苏省南部太湖流域，有一座建置始于战国、历史悠久的文化古城。这座城是吴文化的发源地之一，古称曲阿，后取"丹凤朝阳"之意，定名丹阳。

丹阳商业历史悠久，清末民初就较为繁盛，并以丝绸、估衣、牛市三大产业闻名大江南北。20世纪初叶，随着农业和商业贸易的发展，丹阳丝绸业兴隆，产销两旺，金融业活跃，地方绅商纷纷在此地投资钱庄，以至于到民国二十三年（1934年）仅此一地就有三家银行。

1932年4月，王越就出生在此世代居住的书香门第家庭。他出生时正逢"九一八事变"的次年，恰恰是中国历史上急剧动荡不安的年代。"九一八"国耻使王越的父亲倍感焦虑，因有感于苦难年代的漫长和对日本侵略者的痛恨，于是给儿子取名"越"，希望他能早日越过这多灾多难的年代。

祖父王宜泰

　　王越祖先为宋朝宰相王旦的后人。王旦，字子明，自幼沉静好学，太平兴国五年（980年）中进士。景德二年（1005年）加封为尚书左丞。次年升为工部尚书、同中书门下平章事，成为宰相。王旦为相10余年，知人善任，任人唯贤，朝中大部分官员都是他推荐提拔的，但他从未推荐自己的亲属做官。在历史上王旦以"宰相肚里能撑船"而闻名遐迩，据历史记载，王旦任宰相时，寇准屡次在皇上面前说王旦的短处，王旦却极力称赞寇准的长处。有一天真宗笑着对王旦说："卿虽然常称赞寇准的长处，但是准却专说卿的短处呢！"王旦回答说："臣居相位参与国政年久，必然难免有许多缺失，准事奉陛下无所隐瞒，由此更见准的忠直，臣所以一再保荐……"

　　直至王越祖父王宜泰，尽管已不再官居要职，但是依然在地方官府做师爷。王宜泰通晓文字，足智多谋，年轻时凭借才干挣下了一份殷实的家业，在丹阳城南门附近有一处三进的院落。家里人丁兴旺，育有三子二女，王越的父亲王百先排行最幼。王宜泰深知读书的重要性，而且丹阳王氏家族向来重视教育。当王百先到了上学的年龄时，虽然由于王宜泰抽大烟（鸦片）使家道中落，但还是坚持把幼子送到私塾读书。

父亲王百先

王越的父亲王百先（1900—1970），字从孝，1900年农历11月12日生于江苏丹阳。王百先兄弟姐妹5人，他是家中最小的孩子，从小善良聪慧，深得父母及兄长姊妹们的疼爱。尽管当时王家的家境已经捉襟见肘，但王百先的父亲和大哥王从政还是决心让他读书，上学的费用基本是由大哥王从政支持的。

王百先高小毕业后便考入著名的江苏省立第五中学校，其前身是创办于1907年的常州府学堂，北洋政府时期更名为江苏省立第五中学校，后称常州中学。首任校长屠元博是中国同盟会早期会员。

屠元博有感于社会动荡，民生凋敝，思忖只有振兴教育，才能救亡图存。他为学堂的发展殚精竭虑，办学严谨，校规整肃，延聘名师担纲执教。并以社会现实为教材，向学生介绍孙中山、章太炎、邹容、陈天华等人的进步思想。不仅对学生有启蒙作用，就连一些教师也深受其影响，与他一起积极参与常武地区辛亥革命活动。他既严格要求学生，又尊重学生意见，为学生的成长与发展奠定了坚实的根基，使学校声名远播。

常州中学的校训是"存诚、能贱"，由继任校长童伯章制订。"存诚"意在为人真诚；"能贱"意在做事踏实。校训对王百先的影响深远，在之后的三十多年工作经历中，他工作勤恳踏实，对同事、朋友极为关爱，深受人们尊敬。无独有偶，常州中学22届校友、著名语言学家吕叔湘在为母校80周年校庆题词时，也写下"存诚、能贱"四个大字，可见校训之深入人心。值得一提的是，被后人称为"常州三杰"的瞿秋白、张太雷也在该时期与王百先同在常州中学念书。

正是在常州中学治学思想的熏陶之下，王百先成为一名时刻把国家和民族命运装在心中的人。由于深知大哥和父亲支持自己读书的不易，王百先在常州中学读书时非常刻苦，加上自己不错的天资，成绩非常优异，高中毕业时的成绩排全校第二名。

1916年，王百先考入了北洋大学预科第二部，因为受到"工业救国"思想的影响，又目睹和亲历当时因国内工业整体技术水平低下而导致的种种弊端。于是在1918年预科毕业后考入北洋大学冶金系学习，寄希望于"实业救国"。

北洋大学是今天津大学的前身。坐落在天津南开区七里台，被誉为中国近代的第一所大学。创始人是力倡"科技救国，实业兴邦"的晚清洋务运动代表人盛宣怀。他分别于1895年和1896年建立了北洋大学堂和南洋公学，即今天的天津大学和上海交通大学。

北洋大学堂在当时建立了一套较为完善的教育教学管理制度，任课教师多为中外硕学鸿儒，尤以美、日、英、法、德、俄等国学者任主课教授，多采用外文原版教材，以达到培养高层科学人才的目的。由于治学严谨、校风朴实，当时北洋大学与哈佛、耶鲁相伯仲，毕业生可免试进入美国一流大学攻读研究生，因而被誉为"东方的康奈尔"。北洋大学为我国近现代科技教育事业培养了一大批奠基的专家学者，他们多为社会所倚重，为采矿、冶

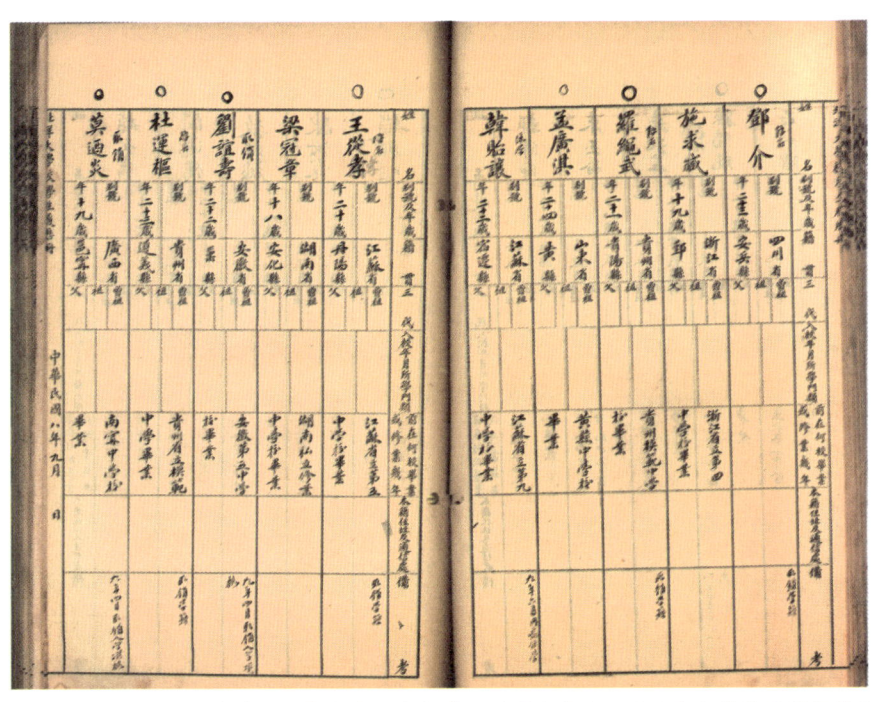

王百先（王从孝）在天津大学时的学生花名册（天津大学档案馆提供）

故乡与家世　5

金、土木、水利、机械工程、铁路交通、财政金融、政法、外交等事业的发展做出了开创性的贡献。此外，天津大学还培养了魏寿昆院士、周志宏等著名的冶金专家。

王百先（在天津大学就读时使用的名字是王从孝）在天津大学读书期间，校长是著名法学家赵天麟先生，他任校长期间（1914—1920）总结了北洋大学近20年的办学经验，概括出"实事求是"四个字，以之教导学生，遂成为校训，一直沿袭至今。巧合的是，在20年之后（即1937年），王越就读耀华学校时的校长也是赵天麟。赵校长的治学思想和爱国情怀影响了王家两代人。

虽然在王百先求学时期时局动荡不安，但北洋大学堂师生们的爱国热情不减，革命志向不灭，坚持办学，积极投身"五四"运动、"五卅"运动等，用热血和铁骨迎接新时代的曙光。

1919年，"五四"运动爆发，北洋大学的同学积极参与，与校方及行政当局发生激烈冲突。赵天麟校长辞职，新任校长冯熙运令全体学生立即复课并且必须写悔过书，否则全部开除。革命党人为了信仰、为了国家和人民而抛家舍业、义无反顾的精神对北洋大学的学生产生了极深的影响，绝大多数同学拒绝写悔过书，此时北京大学的教务长蒋梦麟同意接收北洋大学的学生，于是很多同学转往北京大学。王百先也积极参加了学生运动，大哥王从政对王百先的人身安全极为担心。经过再三考虑，王从政还是到天津把王百先带回了丹阳，并托人介绍他到上海浙江兴业银行工作。

回到丹阳后，王百先必须考虑生计的问题，早年丹阳钱庄的兴起为王百先的兄长们提供了很好的求职机遇，王百先的大哥和二哥都在钱庄工作，自然业内也有些熟人，就介绍王百先到浙江兴业银行去工作。他从基础的实习生做起，后来担任银行经理，直到新中国成立后退休。

王百先在北洋大学打下的理工基础使他在银行工作得心应手。丹阳的文化、常州中学的爱国主义精神以及"五四"运动的影响把王百先培养成爱国人士，他痛恨日本帝国主义的行径，竭力帮助劳苦大众。虽然他没有亲身投入到抗日战争的战火中，但他一直在尽己所能为抗战做事。

1937年，日本侵略者对中国发动全面侵略战争，日寇的飞机没完没了地对中国进行轰炸，致使民族工商业几乎全部覆灭，浙江兴业银行的工业贷款也大多成了死账。银行连维持都变得异常艰难，只能进行裁员。在王越的记忆中，在那段时期，经常有银行职员到家里来求父亲不要裁掉他们，否则家里就无法维持生活了。为了不让自己的职工失业，王百先每天在外奔波，竭尽全力维持银行业务，回家的时间也越来越晚。

父母是子女最早、最重要的启蒙老师。虽然王百先一直忙于工作，有时甚至对王越的照顾也无暇顾及，但是王百先的身教对王越的影响深远。王百先对侵略者的仇恨、对下属职员的关怀、对工作的勤奋都深深地印在王越的脑海里，并成为他模仿、学习的榜样。

在王越的印象里，父亲王百先是个很热心的人。父亲的书法小有名气，周围的朋友和同事经常会拜托他帮忙题个字、写个匾之类的，他从不推脱。王百先一生中默默地做了很多好事，却很少告诉别人。这种作风潜移默化地影响了王越，王越也经常给灾区捐款、资助贫困学生，但从不留姓名。

母亲姜锦

在王越的生活中,并不是每天都是数学公式、电路图,在闲暇之余,他喜欢听古典音乐来调剂生活。他认为音乐在思想表达上比单纯的文字要丰富,可以给人充分的畅想空间,可以激发人的想象力和创造力,对于创新思维的培养可能会起一些作用。他对文化艺术的热爱离不开母亲对他的教育与影响。

王越的母亲姜锦(1904—1996),1904年农历1月7日出生于江苏丹阳。姜锦的父亲是国民党的一个高级军官。优越的家庭环境,使姜锦从小就开始接受良好的教育。除从小学习古文、唐诗外,姜锦还会弹钢琴,是一位优雅的知识女性。

1941年王越的父亲王百先与母亲姜锦在天津法租界公园

姜锦初中毕业后考入丹阳正则女子职业学校,即今丹阳师范学校。在正则女子职业学校里,姜锦深受学校的创办者吕凤子先生的精神和教育思想的影响,无论她在从事教育的岁月里,还是对自己孩子的教育中,她都始终坚持吕凤子先生所推崇的"爱""美""仁",即无穷的"爱"、无极的"美"、无尽的"仁"。

王越是家中的长子,所以母亲给予了他极大的关注,希望他能接受最好的教育,将来报效国家。在王越上学之前,母亲就教他认字、写字,诵读唐诗和《百家姓》等,常常给他讲一些名人轶事,教他为人处世的道理。

在王越的记忆中，母亲不曾打骂过自己，也从未逼迫自己学习。母亲拥有较高的音乐素养，有时当夕阳西下，夜幕降临的时候，他和弟弟妹妹们就会围坐在母亲身边，听母亲演奏优美的音乐，整个家庭洋溢着一种欢乐、宁静的氛围。尽管母亲没有刻意去培养孩子们的音乐素养，但是她对音乐的爱好还是潜移默化地影响了王越。王越曾自述："我很喜欢古典音乐，尽管我不会弹钢琴，但是我会听，懂得如何去欣赏。音乐中有很多奇妙的东西，无论是交响乐还是轻音乐，都是特定环境下，特定人物思想感情的表达，也就是说，音乐是思维的一种表达。但是每个人所处的背景和心理状态不同，对于音乐的体会也会不同。能够体会到音乐要表达的思想，是一件挺有意思的事情。譬如贝多芬的《欢乐颂》，可以让人想到贝多芬当时的感情，《魂断蓝桥》那个曲子里既有快乐，又有很沉闷的悲伤。《鸽子》又是另外一种情调，《快乐的西班牙女郎》，还有《卡门》《斗牛士之歌》都是我喜欢的经典曲目。音乐在思想表达上比单纯的文字表达要丰富，给我们充分的畅想空间，对于创新思维的培养可能会起一些作用。"

王越与家人合影（1942年前后。左起：姜锦、王超、王百先、王越、王起）

虽然姜锦一贯优雅温柔，但在关键事情上也很决断。比如在1947年为了促使王越养成良好的学习习惯，即便对儿子很不舍，她还是排除万难，坚决地做出送王越去上海读书的决定。

迁居天津

1935年，王百先被浙江兴业银行调往天津工作，举家赴任。从此，王越离开了丹阳，故乡留给他的印象是朦胧缥缈的。在这朦胧缥缈的记忆中有在丹阳城南门附近的祖居和坐在外婆腿上啃甘蔗的甜蜜记忆。王越曾回忆："我记得我的外婆特别疼爱我，但是这种疼爱并没有持续很长的时间。小的时候，随妈妈到外婆家，外婆给我们分甘蔗，总是把最粗、最甜的一段分给我。当时我舅舅家也有表哥和表姐，但是能感觉到外婆对我的偏爱。所以小时候坐在外婆腿上啃甘蔗的镜头至今深深印在脑海里。"

王百先依靠勤奋的工作和聪明的才智，事业小有所成，每年的收入也相对丰厚。小时富足的家境使得王越在一个充满安全感的环境中茁壮成长。然而世事难料，1937年抗日战争爆发，同年11月上海和中国江南地区相继沦陷，日本侵略军经常以小股兵员下乡为非作歹，为所欲为。由于日本侵略者的横行，祖母和外祖母在乡下颠沛流离，生活处于极度不稳定状态，王越的祖母和外祖母很快相继去世，祖上的老房子也在日本侵略者的飞机轰炸中被毁掉。这些悲惨的遭遇深深地留在了王越的记忆中，以至于到现在都不能释怀。

2 国难深重的小学和中学时代

- 耀华学校——在刺刀下求学
- 爱国心肇始
- 神奇的无线电
- 异地求学——去上海读高中
- 榜样的力量
- 丰富多彩的高中业余生活

耀华学校——在刺刀下求学

耀华学校旧校舍

1937年夏,五岁的王越被父母送到天津著名的耀华学校读书。耀华学校的前身是庄乐峰先生为解决英国租界内华人子弟优质教育问题,集国人资金而创办的"天津公学"。1934年,"天津公学"改名为"耀华学校",并以"勤朴忠诚"为校训,旨在培养振兴中华的国之栋梁。这个时期的耀华学校校长由原北洋大学堂校长赵天麟担任。

赵天麟原修业于北洋大学,1906年官费留美,在哈佛大学获法学博士学位。他将在美国哈佛大学所获取的先进科学思想带入学校,在中国传统教育中融入了西方教育观念,确立了"勤、朴、忠、诚"的校训和"智、德、体、美、群"五育的教育原则。

耀华学校的师资力量非常雄厚。王越就读耀华时,钱伟长先生曾在耀华学校的高中部任教。耀华学校的授课教师多是清华大学、南开大学的毕业生,也有国外留学归来的教员。学校成立之初,就从德国购买了实验仪器设备,包括生物切片机、电报机、打字机等。学校教学设备在当时来说是非常齐全先进的。

中华人民共和国成立前在耀华学校的毕业生中,现在已有13人成为中国科学院院士或中国工程院院士。可以说，当时的耀华学校与南开中学一起基本代表了那个时期天津最高的中小学教育水平。

王越小时候，对耀华学校的理解仅仅是从父母口中得来的结论——"耀华是个好学校"。长大之后，他才更深刻地理解了父母为自己选择耀华学校的原因：一是"耀华"取"光耀中华"之意，名声好，是全中国人的愿望，尤其是在日本侵略者即将大举入侵的局势下也融入了父亲深深的爱国情结；二是耀华学校地处当时英租界内，生活相对稳定，受日本侵略者的干扰较少。耀华学校离王越家不远，天气好的时候，可以走路上学；天气不太好的时候，可以坐黄包车上学。

耀华学校成立之初的实验设备

王越 1937 年入学时，学校新招了三个班：两个男生班，一个女生班。王越分在男乙班。本来在这个师资优良的名校里，王越可以接受良好的教育，奠定未来科研的基础。然而事与愿违，整个国家的局势向越来越坏的方向发展。

卢沟桥事变后，天津市南开中学校舍被日寇的飞机炸毁，所幸耀华学校因坐落在英租界而幸免于难。赵天麟校长主动在耀华学校开设特别班，以收容、安排被迫停课而失学、失业的南开中学师生。耀华学校为了收留更多的学生，改为上、下午两班制，使校舍可以供两校师生交替使用。

爱国心肇始

天津被日军占领后，日军在侵占我国领土、疯狂掠夺资源的同时，还大力推行文化侵略和奴化教育，强迫沦陷区的学校从小学一年级开始，必须将原来用的教材更换为宣传"中日亲善"、美化侵华罪行的奴化教材。连地处英租界的耀华学校也未能幸免。面对日寇的威胁、利诱，赵天麟校长坚贞不屈，带头坚决抵御文化侵略，坚持抵制使用日本奴化中国学生的课本，表现出崇高的民族气节。因为赵校长抵制占领当局推行的"亲善"教育，拒绝日本侵略军武装入校参观，让日寇极为恼火。最终在1938年6月27日清晨，赵校长在前往学校途中被日寇刺杀。王越追忆：

"耀华学校在天津墙子河桥下，下了桥就是我们学校大门。墙子河是海河的一个支流，后来因为污染厉害，就把它填掉了。赵天麟校长是杰出的教育家，中华人民共和国成立以后人民政府授予他"革命烈士"称号。我当时还很小，但是记忆还挺深刻，快上课之前，校门口人很多，赵校长每天早晨风雨无阻地站在学校的大门口迎接教师和学生。学校管得很严，学生必须在第一遍预备铃声前到教室，预备铃声过后，校门就关了，要等两节课之间的时间，校门才开，迟到的学生才能进去。赵校长当过北洋大学的校长。据我所知，北洋大学不在租界里，在天津的丁字沽一带。1937年抗日战争爆发后，天津沦陷，北洋大学、南开大学的师生都内迁了。"

"因为耀华学校位于租界内，我上一年级时，使用的课本还是国民政府的课本。从1938年开始，日本要强化对华北地区的统治，让中国所有的中小学都要改成亲日的课本。'中日亲善''大东亚共荣圈'，这些概念都提出来了。学校当时在英租界，赵校长坚决不换课本，仍按老的国民政府课本来教。日本人直接干涉不了，于是准备对他实施暗杀。具体时间我记不太清楚了，只记得还没放暑假，他那天从家出来到学校去，开一个像甲壳虫的小车，一出家门口日本特务就把他暗杀了。全校师生都极为震惊，他的牺牲给全校的教师和学生上了一次爱国主义的课。赵校长被暗杀后，换了一个亲日的校长。"

赵校长的遇害对学生的触动很大，他以生命为代价给学生上了一堂生动而惨痛的爱国主义课，教育了全体学生，中华民族就需要这样不屈不挠的气节。1991年，赵天麟被中华人民共和国民政部追认为革命烈士。1995年10月，耀华中学师生敬立铜像，纪念赵天麟校长。

自赵天麟校长遇害后，日寇扶植的亲日校长上任。于是耀华学校强制小学三年级以上高年级学生学习日语。学生们非常反感，大部分学生都不认真学习日语，甚至上课时故意扰乱课堂教学。王越回顾自己在耀华学校的那段日子时说："小学三年级到初中二年级共学习了五年日语，竟连51个假名都没有学会，而后来在学习英语时仅用三年时间便能基本满足听懂外教的英语授课、看书与口语交流，相比之下，可见学习自觉性及教师启发学生学习自觉性的重要。当然，现在回想起来也觉非常幼稚，如果能将日语作为一种工具和手段也不失为更高明的做法，不过当时中国半壁江山被小小的弹丸之国侵占，中国人民饱受日寇欺凌，根本无心把与日本有关的东西学下去，自认为不学日语课程就是反抗日本军国主义，这件事在我的心中留下了很深的印象，多么盼望我们的国家能够摆脱贫穷落后面貌不再被外强侵略，这个希望伴随我走过大半生，激励着我对工作的热情。"

时常会听到王越说这样一句话："我最恨日本侵略者了。"这种恨的根源可能来自于祖母和外祖母死于日本引起的战乱，来自于深受世人崇敬的赵天

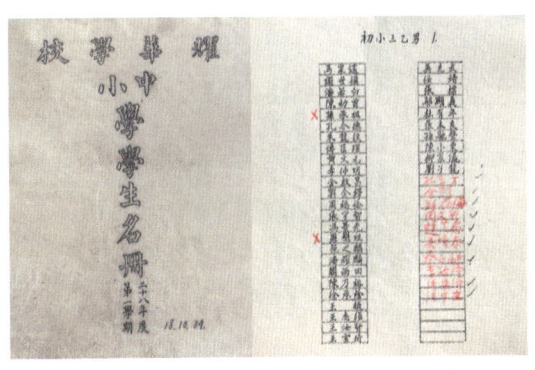

1940年王越上小学三年级时的照片　　王越初小三年级班级花名册（天津耀华中学校史馆提供）

国难深重的小学和中学时代　15

为了没有盲区的天空
——火控雷达专家王越的故事

1940年夏王越初小三年级时的班级合影（第一排左八为王越，天津耀华中学校史馆提供）

麟校长死于日本人之手，来自于日本人的侵华使中国人民长达14年处于水深火热之中。国仇家恨交织，从幼年起就深深植入王越心中。

1941年太平洋战争爆发以后，日军进占天津租界。连学生也要被日寇强制服劳役。1943年，王越高小还没有毕业（当时的小学是六年制，初小指小学一至四年级，高小指小学五至六年级），耀华学校的高中生和高小的学生、初中生，全都要去给日本人修机场。天津机场当时在张贵庄，学生们坐短程火车往返，早出晚归。学生们的任务主要是建地下机库。低年级的学生负责用水管子拌三合土，拌水泥。高年级学生运水泥，砌地下机库。当时，王越和同学们趁日本人不注意，就往地库里灌水，捣乱日本人的建设进程。陪同去的教师们非常担心，怕让日本人发现而残害学生。回来的火车上，高中生就带头吟诵岳飞的《满江红》："靖康耻，犹未雪。臣子恨，何时灭……"老师们非常着急，说你们不要命啦，你们不能这样。

1943年秋天，王越升入初中。由于小学时抵制日式教育，社会大环境也动荡不安，因此王越没有养成良好的学习习惯。王越依然在耀华学校上初中，同学还是周围的同学，学校还是原来的学校，学校的管理制度也依然是原来的管理制度，尽管父母一再叮嘱他应该好好学习，但他感觉很难改变固有的习惯，用在学习上的精力也不太多，所以学习成绩依然处于中等甚至中等偏下的水平。

神奇的无线电

抗日战争后期，日寇更加疯狂地对沦陷区进行赤裸裸的掠夺，人们的生活更加困苦，勉强求得生存。即使是一直相对富裕的王家，生活开支也变得比较紧张。在王越的记忆里，以前家里并不吃粗粮，但是到了1941年以后，家里也开始吃棒子（玉米）面。第一次吃棒子面，是新棒子面做的窝头，兄弟姐妹都感觉很新鲜，吃得很香。妈妈姜锦就说了一句话，"你们别这么急，以后有的你们吃呢，你们要吃腻了的。"

在抗战后期，日寇的处境同样也变得比较艰难，败象逐渐显露，连老百姓也感觉到了。日寇为了搜刮金属制作炮弹，连老百姓家中的铜质毛笔帽都被勒令上交，还美其名曰"捐献"。此外，他们还规定老百姓一家只能有几口铁锅，其他的铁锅都要"奉献"出来做炮弹。为了掩饰败绩，日本人在宣传方面控制得很严，他们规定所有收音机都必须掐掉短波，只能收听日本人的广播。

抗日战争时期中国存在三种类型的广播。第一种是抗日根据地建立的人民广播，第二种是大后方国民政府的广播，第三种是沦陷区的日伪广播。当时，日本广播协会直接插手天津广播电台，利用广播对其占领区的中国人民实施奴化的思想统治。为了防止市民收听抗战电台的广播，他们直接把收音机的短波旋钮封掉，只允许市民收听中波。卢沟桥事变后，日本人就在华北地区构建了无线电台网络，并且是华语、日语双语制，为其进一步扩张侵略和统治进行舆论宣传。日本侵略者在沦陷区建立的大大小小几十座广播电台就是一条条套在中国人民头上的精神枷锁，他们利用广播对其占领区的中国人民实施奴化的思想统治。

在华北地区，七七事变之后，北平、天津、太原、青岛等地广播电台相继陷入日军之手。1938年1月,在日本广播协会直接插手之下,北平、天津等地的广播电台恢复播音。1940年7月,汉奸组织伪"华北政务委员会"控制下的伪"华北广播协会"成立。日本广播协会把华北地区的广播电台表面上移交该会"专营统制",实际上仍控制着广播电台。当时,在该会管(控)之下的广播电台有八座,分布于北平、天津、济南、青岛、石家庄、太原、唐山和徐州各地,总发射电力为100多千瓦,北平的伪电台称为"中央广播电台",为华北地区广播的中心。1938年,日本在天津陆续设立了一些无线电工厂。他们将日本大批剩余电信物资运入天津,组装成中波收音机,在市场上大量倾销。日本侵略者在华北地区也同东北地区一样,强制推销廉价收音机,仅北平一地推销了四万多台。还下令登记收音机用户,强令剪去可以收听短波的部件,迫使听众只能收听当地日伪广播,发现收听其他广播的就以"国事犯"定处。①

抗日战争期间,为了加强国际宣传,国民党在重庆利用英国提供的设备赶建了一座短波广播电台,发射电力为35千瓦。该台于1939年2月6日开始播音,后来定名为"国际广播电台"(英文名称为"Voice of China",意为"中国之声")。1940年8月1日,抗日战争时期中国功率最大的广播电台——昆明广播电台正式开播。1940年12月30日,中国共产党创办的第一座广播电台——延安新华广播电台开播。然而,处于沦陷区的天津人民在日本人的控制之下,根本听不到这"希望之声"。

王越父亲的一位朋友的短波收音机虽然被日本人贴了封条,但并没有把波段旋钮开关完全封死,可以在转动波段开关接收短波时不破坏封条。父亲和其他几个朋友经常聚到那位朋友家去听后方的广播,包括昆明的美国电台、太平洋上美国电台、重庆电台,等等。父亲听完广播后就回来给家里人讲,日本人在打败仗,在太平洋战争中一点点败退。每当从父亲那里听到关于解放区的振奋人心的消息,得知日本人在节节溃败之后,王越和家人那种被压迫的情绪都能在瞬间得到释放,精神也得到极大的鼓舞。

沦陷区压抑的生活深深地印在王越的记忆中。在民族存亡的危急时刻,人们总是千方百计地寻找希望和出路,无论精神上,还是其他方面。所以,当知道父亲是从短波收音机里收听到抗日前线振奋人心的胜利消息后,王越

---

① 赵玉明:旧中国广播的产生、发展和终结:(三)抗日战争时期的广播事业[J].现代传播,1982(3).

第一次感受到短波无线电是伟大而神奇的,它能告诉人们真实的情况,鼓舞人心。无线电短波带给了王越一家希望,自此王越也坚定地沿着这条道路一直追寻,并不断地触及巅峰。王越曾说:"1945年抗战胜利的时候,我上初中二年级,快到初中三年级。那时我就有一个想法,我长大了以后,我得学无线电。"

1945年抗日战争胜利以后,王越便开始了对无线电的探索,首先学习组装收音机。但当时的收音机都是体积非常大的电子管收音机,而且购买相关的工具和零件也需要一笔数目不小的费用。理工科出身的王百先很尊重孩子们的兴趣和自由发展,为王越提供了组装收音机的经费,支持王越购买收音机的配件如电阻、电容、中周线圈等,还有电烙铁、万用表等工具。在收音机的组装过程中,王越学会了电子器件的调试方法,培养了动手能力,也逐渐培养了发现问题、解决问题的能力,并养成了严谨细致的作风。

异地求学——去上海读高中

耀华学校位于英租界，西方的一些先进技术和现代化的东西，例如电话、冰箱、自行车、西装等出现在生活环境里，自然对年少的孩子们产生诱惑，分散了一些精力。而且耀华学校的学生家境都很优越，没有生活的压力，学生们勤奋刻苦的学习劲头也不是很足。再加上学校抵制日本人的"大东亚共荣圈"教育，学生们也无法静下心来好好学习，尽管耀华学校很好，老师也很优秀，但学校里并没有形成认真学习科学知识的良好风气。刚上一年级的王越在耀华上学初期就没有养成良好的学习习惯，虽然父母对此很是着急，但又没有办法去说服从小就比较有主见的王越。所以后来到了王越的弟弟妹妹上学的时候，父母没有为他们选择耀华学校，而是替他们选择了南开中学。

1945年抗日战争胜利以后，王越的学习成绩仍然不尽如人意。父母告诫王越，应该集中精力好好学习了。尽管父母千叮咛万嘱咐，但是学习习惯的改变却不是一件容易的事。由于从小学开始王越就没有养成良好的学习习惯，所以文化课基础不太好，后来，他又开始沉迷于无线电。而且王越小时候调皮好动，喜欢短跑、踢足球等体育运动。父亲对于长子也一直疼爱有加，1946年花二两黄金为他购买了一辆英国著名品牌赫克里斯（HEKLIS）的变速自行车。因为父亲觉得太招摇，不允许他上学的时候骑自行车。于是放学回家后，王越特别喜欢在宽阔的马路上飙车。所以王越并没有把精力完全放到学习上。

母亲经常对王越说，"你这样不行啊。"一直从事教育工作的母亲很清楚王越的智商和接受能力，也深知他学习成绩不理想的原因，便希望通过改变环境来帮助他改变学习习惯。

母亲虽然温柔优雅，但在关键事情上也很果决。纵然有许多不舍，母亲还是在1947年坚决将王越送去上海读书。王越的两个姑妈都在上海，姑妈家的表哥、表姐学习都很好，所以母亲希望通过表哥表姐的影响和管束改变王越的学习习惯。王越回忆时说：

王越在上海读书时所在的大同大学附中二院的校舍

"送我去上海主要是我母亲做的决策，我父亲还有点舍不得，但是我母亲气派比较大，坚持把我送到上海去。临走前那天，在我房间里，我听到爸爸跟妈妈说：'锦，你真放心他走吗？'我妈说：'那你说有什么办法？'最后我爸爸说，'那好吧，让他去吧。'"

1947年秋天，王越从天津港出发，在海上漂泊了六七天之后，孤身一人来到上海。一到上海，他就到上海的一些著名高中参加入学考试。本来的目标是江苏省立上海中学（今上海中学）或南洋模范中学，但由于之前的学习基础不大好而没有考取。最后只能选择上海大同大学附中二院。这对王越是一个很大的触动，他暗暗告诫自己一定要好好学习。

上海大同大学附中二院（以下简称"二院"）以"研究学术，明体达用，示青年以正谊，为社会植通材"为办学宗旨，旨在培养文理兼备的优秀学生。校址在新闸路1370号，即今天的五四中学的校址。上海冠生园股份有限公司总店就在学校的北边，冬天西北风一吹，萨利文面包店的香味就弥漫在校园中，王越至今对此都记忆犹新。

二院的教学在当时也比较先进，使用的课本除了国文课程外，数学、物理、化学、历史、地理等课程全部使用英文教材。教师讲课、学生提问和回答问题均使用英语。尽管当时王越在天津耀华中学已经上了一年的高中，但是英语学得并不多，也没有认真学，仅靠课堂来听是根本听不懂的，所以刚到上海的前三个月，王越感觉上课像听天书一样。于是王越就在课后对着课

国难深重的小学和中学时代

本自学，补习课堂上没有听懂的内容。

　　大约过了两三个月，王越的英语水平就慢慢赶上来了，老师的课堂授课也基本能听懂了。通过自身的学习经历，王越认为学好英语的关键是需要一个环境，同时自己有动力，而不在于一定要学得很多很多。高中时期的全英语授课训练帮王越打下了良好的英语基础，使他能够轻松应对后来科研中的英文文献阅读以及同外商的贸易谈判。王越现在已经八十多岁高龄了，当他与学生或同行进行学术交流时，英语仍然经常脱口而出。

　　当时教王越英语的老师姓夏，毕业于圣约翰大学。时至今日，王越仍然能够清晰地记得夏老师的第一节文法课："夏老师第一次课上来就介绍说，我叫什么名字，我是来教文法的，也就是 English grammar 的。然后接着他说，我警告你们，grammar 是要学的，但是不能学多了，学多了就学糊涂了，这第一节高中英语课我记得非常深。夏老师举了一个《双城记》的例子，A Tale of Two Cities，书中的第一句是没有谓语的，但是句子成立。为什么呢？就是 written by Charles Dickens，Charles Dickens 是大文豪，所以他写的东西，那就是英语。夏老师举这个例子来说明，文法是要学的，但是不能死抠文法，让文法给束缚住。英语的寓意不理解，文法是学不好的。所以至今我对高中教师对语法的解释记忆非常之深刻。"

　　除了英语学习之外，王越在念高中的三年里还比较深入地学习了数学，分为平面几何（高中内容）、大代数、三角、解析几何这四门课。王越从初中二年级开始接触和学习平面几何的相关知识。虽然平时学习不用心，但对学平面几何有兴趣。因为他知道假如今后学文科，平面几何允许稍微差一点；但假如今后要学理工科，平面几何必须过关，否则就训练不出好的逻辑思维能力，也就很难学好理工科。当时，二院还开设了内容很精彩的大代数和比较关键的解析几何等课程。时至今日，王越认为数学训练对理工科的学习是至关重要的，尤其是数学有助于逻辑思维能力和逻辑推理能力的提高。

　　当时，教王越数学的是梅慕勋老师，梅老师的数学课讲得非常好，不论定理还是公式都能从原理上讲得很清楚，在1959年还出版过一本《自学平面几何的钥匙》的书。梅老师在二院授课时还兼着江苏省立上海中学、南洋模范中学等好几个高中的数学课。

　　二院大部分的老师都是大家公认的上海名师。大多数老师和梅老师一样都是兼课老师，一个老师往往会兼好几个中学的课程。学校为了适应教师的授课时间，便采取了与大学生相类似的授课制度：星期六不休息，星期天上半天课，星期一休息；学生没有班级，没有辅导员，没有固定的上课教室，按着课表找教室上课。授课方式也像当时外国的大学一样：教师上完课，有答疑时间解答学生们的提问。

总体而言，二院的师资配备还是比较强的。课堂授课的内容也讲得精彩，老师们并不是盯住每个学生手把手地教，而是在高水平的讲授之后，留点习题给学生，让学生复习巩固，举一反三。这样的教学方式使得学生有充足的时间思考所学内容，可以拓展知识，向更深层次思索，从而实现"既不让学生死读书又能够真正掌握和理解知识"的教学理念。

但这种开放式的教育使学生成绩两极分化很严重，好学生会充分利用优秀的教师资源和充足的时间，独立思考，融会贯通，举一反三；而不努力的学生成绩则差得一塌糊涂。老师在课后一般只留寥寥几道习题，也很少批改习题，最多在下一次上课时讲一讲上次布置的习题。这样的授课方式也迫使学生必须要自己对自己负责，假如上课听得糊里糊涂，课后又不努力，成绩自然不会太好。得益于这种开放式的教育，王越不仅在课后的思考中逐渐领悟到自然科学的原理和规律，而且使他在解题时能够不囿于中规中矩的解题思路。

王越在回忆自己在二院读书时的情形时这样讲述："这一段时期我还是比较努力的。有的事情慢慢想想就能理解，就开窍了。好比说，解析几何或者物理不是靠死记硬背来学习，而是要理解其中的规律，包括化学也这样。一旦理解之后，掌握起来就比较容易。学懂了的事情和年轻时候强记住的，本质上是不一样的。所以关键是要把知识学懂，弄懂规律。"

王越高中三年的学习成绩呈上升状态。虽然他重读了高一，但由于之前在天津的学习基础不太牢固，所以他刚到上海时成绩大部分是"中"，有少数的课是"良"。到高二以后，绝大部分课程的成绩是优良，只有个别不太感兴趣的课是"中"。到高三以后，王越就成为班上成绩比较好的学生，同学讨论疑难问题，甚至连英语的作文都要找王越讨论。对于这一转变，他自己说："小的时候我并不是一个好学生。在那个急剧动荡的年代，我没有养成良好的学习习惯。但是到了高中，明白事理以后，我便发奋学习，并'一发不可收拾'，学习成绩就迅速赶了上来。"

榜样的力量

王越在二院读书时，住在二姑妈华乃瑛家。二姑妈有七个孩子，个个都很优秀。王越上高一时，大表姐已经大学毕业参加工作了，中华人民共和国成立后在上海教育局工作。大表哥正在上海交大学习，中华人民共和国成立后在兵器工业第五设计院担任高级工程师。毕业于之江大学教育系的表姐华傅玉很重视教育，也懂得教育的规律。她非常清楚王越到上海来上学的原因，所以经常提醒和督促王越学习。她虽不直接教王越功课，但会经常问王越："你的课上得怎么样？你跟得上跟不上？你英语在天津没好好学，这里全英语课，你跟得上跟不上？"在天津，尽管母亲也会督促王越好好学习，但是他并没有感觉到任何压力。但是在上海，优秀的表哥表姐们使他开始感觉到直接的压力。

当时他想："既然我父母送我来上海，就是要我跟表哥、表姐看齐的，我不能太差，我不能比我这些表哥、表姐差，在我所处的班级和年级成绩也不能太差。"加拿大医学教授塞勒博士说过"压力是人生的香料"。王越认为"适当的压力和逆境能锻炼人，它会逼着你想出办法来解决问题"。所以当王越感觉到来自周围优秀群体的压力之后，他便想办法将压力转变为动力开始发奋读书。后来，在王越的个人档案中记载着这样一句评语："高中时受表哥表姐的影响极深"。

王越曾说："我去上海，我父母，尤其是我母亲的决策是对的。从本质上来讲，我还是喜欢学习，喜欢探求事物的规律的。耀华学校虽然很好，但是我在那儿上了九年多，从旧习惯中解脱不出来，所以母亲非常果断地给我换学习环境，对我的良好学习习惯的建立有着重要的意义和作用。在上海，我变得勤奋好学。"

丰富多彩的高中业余生活

高中的物理课程开始涉及一些无线电的原理，王越就结合着学校的学习和自己的兴趣，进一步发展自己对无线电的兴趣，对相关的基本技术进行了更加深入的探索。恰巧大姑妈家的大表哥陈仁怡从上海交通大学毕业后在电台工作，有时会在王越组装收音机的过程中给他一些技术指点，也会给他提供一些器材。相比以前在天津的时候，王越在上海可以制作更高级的收音机。开始时出矿石收音机入手，后来做得越来越复杂，慢慢可以做有六七个电子管的高级收音机，最后可以做超外差收音机。但由于和表哥年龄相差悬殊，所以除了谈论无线电技术以外，王越对表哥的工作知之甚少。直到在加入中国人民解放军后的多次政审中，王越才从学校政治部得知，表哥陈仁怡大学毕业后曾在美国海军电台工作。这在 20 世纪五六十年代属于非常严重的海外关系。

王越对与无线电相关的事情都很感兴趣。为了提高自己无线电的水平，1948 年的暑假期间他专门到一所无线电学校——三亚无线电学校学习报务，每分钟可发报一百个字左右。至高中毕业前夕，他已经能够组装性能不错的超外差收音机。毕业时为了向照顾自己无微不至的二姑妈表达感谢，他组装了一个比较高级的超外差收音机作为礼物送给了二姑妈，二姑妈非常高兴。

除了学习，学校也非常重视体育，学校足球队非常著名，王越经常在课余时间和同学们踢足球。除了运动，王越在上海读高中时的业余生活也很丰富，思维活跃的表哥表姐们有时会带王越去参加一些社会交流活动，比如和朋友打桥牌、跳舞等，结识一些新朋友。这些社会交流活动也培养了王越的人际交往和表达能力，使他在以后的工作中能够轻松胜任领导者的工作。王越很喜欢打桥牌，他觉得打桥牌的乐趣主要体现在打牌的过程中要运用很多数学、逻辑学的知识去进行计算,并且能够锻炼记忆能力。想要赢就得多凭智慧少靠运气。

在王越看来打桥牌也是一种竞争,里面掺杂着很多信息传递、信息论的理论。桥牌的竞争和雷达中的信息对抗理论有相似之处。打桥牌一般四个人一起玩,两两一家,每个人有一个合作伙伴,玩的过程需要跟自己的伙伴联合起来,跟对手竞争。跟伙伴联合的过程就是互通信息和交流,通过叫牌,了解对方的信息,然后传递自己这方的信息。目前,桥牌已经成为2012年冬季奥运会表演项目和2007年全国大学生运动会正式比赛项目。王越认为打桥牌对于培养中学生之间的合作精神,开拓信息思维是非常有用的。上大学时王越还时常和同学们玩玩桥牌,但是工作后就没有时间玩了。

在上海的几年里,王越大部分时间和精力都用在专心学习上,学习成绩有了较大的提高,但此时的外部世界正发生着翻天覆地的变化。抗日战争胜利后,内战爆发,国民党统治区域的经济濒临崩溃,物价疯狂上涨,社会经济一片混乱,1948年已到了民不聊生的地步。尽管父亲会按时给他寄生活费,但是物价疯狂上涨的情况还是令他记忆犹新。王越一收到父亲寄到上海的生活费,就马上交由父亲的朋友帮忙换成袁大头或者换成美钞,稍有怠慢就会贬值。

1949年5月上海解放;同年10月,中华人民共和国成立。

1950年,王越从大同大学附中二院顺利毕业,即将迈向新的征程。在上海求学的经历对王越至关重要。三年的高中生活使他掌握了正确的学习方法,培养了勤于思考的习惯,养成了善于探索、寻求规律的思维方式,而且还为他奠定了坚实的外语基础。这些都为他今后的学习发展和研究打下了坚实的基础。

3

作为军人的大学生涯

- 唯一的大学志愿
- 转校参军
- 军人大学生
- 从电信到雷达
- 恩师毕德显院士与新中国的雷达研究
- 追着老师问的学生
- 最后一个入团
- 毕业转业

为了没有盲区的天空
——火控雷达专家王越的故事

唯一的大学志愿

　　1950年夏天，王越高中毕业了。他的目标非常明确：在大学选择无线电专业进行更加专业和深入的学习。这是他自初中就已坚定的理想。

　　但在中华人民共和国成立以前，国内没有任何大学明确设立电讯系，而且强电类专业和弱电类专业没有明确的区分，比如大多数开设无线电专业的学校一般都把无线电研究设在以研究电力、输配电、发电机、电动机等强电类学科为主的电机工程系，就连清华大学、上海交通大学都是如此。但无线电专业研究的内容属于电子信息类，包括无线电通信、雷达、现代遥测、现代的卫星通信、射电天文等，这些学科都应当属于弱电类。这些弱电类的专业对当时积贫积弱的中国来说无论在技术、设备还是应用领域都有非常大的发展潜力，所以把强电类专业和弱电类专业分开设立专业是十分必要的。

　　限于当时国内大学的专业设置情况，为了找到更适合自己研究志向的学校，王越在填报志愿之前很是下了一番功夫。在他详细了解了各大学无线电专业的师资、实验条件等真实情况之后。经过慎重的综合考虑，他最终选择了大连大学工学院。之所以选择大连大学工学院有三个明确且强有力的理由：第一，因为它是全国第一个成立电讯系的大学，学校非常明确地把弱电和强电分离出来，建立了电讯系；第二，因为当时它的电讯系师资力量非常强，专业的领头人是著名的电子学家和教育家毕德显教授，是当时全国三个无线电方面的一级教授之一①；第三，因为它有一套当时在全国范围内都很少有的电子管制作试验线，可以自己制作电子管。

虽然当年报考大学的学生每人可以填报 21 个志愿以增大录取几率，但是王越只填报了唯一的一个大学志愿——大连大学工学院电讯系。这也符合王越性格，符合他在自己的学术生涯中一贯所表现出的精神："既然选准了目标，就要义无反顾地走下去，锲而不舍。"

1950 年，大连工学院电讯系在上海地区招 21 个人，王越总成绩排名第 7，顺利进入大连工学院电讯系。去大连上大学时，王越把那辆英国产的自行车也带到了大连工学院。在大学的注册处，这个推着英国名牌自行车、帅气非凡的新生吸引了

毕德显院士

---

① 当时全国有三位无线电方面的一级教授。一位是清华大学的孟昭英教授，是中国著名的物理学家、电子学家、教育家。1928 年毕业于燕京大学，1933 年由燕京大学推荐获美国洛克菲勒基金资助赴美国加州理工学院攻读博士学位。1947 年初，孟昭英回到清华园，担任清华大学物理系教授，后兼任代理系主任。为物理系和电机系电信组开设"电磁波和电子器件"课。在课程设置中精心地引入了美国麻省理工学院辐射实验室的主要成就和最新发展，开创了中国微波电子学课程的先河，影响很大。一位是毕德显教授，他是著名电子学家、教育家，中国工程院院士。1934 年从燕京大学物理系研究生毕业，1941 年赴美国加州理工学院物理系读博士学位。他是西安军事电讯工程学院（今西安电子科技大学）雷达工程专业的主要创始人。毕生致力于雷达、通信工程专业的教学、科研和领导工作，为培养雷达及通信工程技术人才，开创雷达信息论科学研究，发展雷达和通信事业做出了重要贡献。毕德显和孟昭英在燕京大学是同班同学。还有一位是著名电子学家和教育家冯秉铨教授，他是新中国无线电电子学科的奠基者之一。他所提出的强力振荡器相角补偿理论获得国内外的一致肯定。20 世纪 30 年代，他在岭南大学建立了实验性广播电台和业余电台，试验性地与世界上 94 个国家及地区进行业余通信。国际无线电会刊于 1936 年在 FARAC 第 113 次会议设置的奖项中，冯秉铨获得了其中的五大洲通信奖（W.A.C.——全球奖状）的荣誉。三位无线电专业领域的一级教授有一个相同的经历，都是在 20 世纪 30 年代初期在燕京大学获硕士学位，而后赴美国获博士学位。

众多人的眼光。据王越的一位大学同学讲，这辆自行车曾带给王越不小的麻烦，除了引起一部分人的嫉妒外，在那个政治挂帅的年代，这辆自行车还给他带上了一顶铺张浪费的帽子。尽管王越很喜欢那辆自行车，但他很少骑。1952年参军后，学校不允许使用自行车，王越便托高中时的同学通过邮局把自行车寄回天津给弟弟妹妹使用。

大连大学工学院创建于1949年4月。1950年7月独立为大连工学院，由毕业于德国德累斯顿工业大学化工系的著名学者、教育家屈伯川担任大连工学院院长兼党组书记。屈伯川的办学理念很超前，他一边召集名师办前沿的专业，一边与国家需求紧密结合发展设立新的专业。中华人民共和国成立之初，局势还不太稳定，军事通讯方面的需求表现得非常迫切，于是屈伯川就召集了毕德显、吴鸿适[①]等一批留学归来的无线电专家在原大连电讯专科学校的基础上创建了电讯系。当时的电讯系共有教师24人，毕德显是系主任，系里的学术氛围比较浓厚。

时任电讯系教师的胡征[②]先生在回忆录里曾这样描述：系里的学术空气是比较浓厚的，经常由教师轮流作学术报告。几个介乎中年与青年之间的教师，吴鸿适教授、李祖承、周光耀和我三个副教授，以及费玉珩等5人，组织起来研究以微波技术为中心、以雷达为应用对象的小组，轮流作学术报告。他们是这样分工的：吴鸿适主要搞微波管，我主要搞微波技术，周光耀则两者兼搞；费玉珩搞雷达用的多脉冲技术和雷达本身，李祖承则搞雷达。由于组织起来的时间太短，活动虽然开展过，但不多。

大连工学院很注意师资队伍，比较开放，不拘一格，各位老师教学都非常严谨。王越至今依然清晰记得毕德显教授给他们授课的情景。

当时系里为了加强基础，开出了毕先生亲自授课的电磁学（在以后工学

[①] 吴鸿适，1922年生于安徽省歙县。1942年毕业于重庆中央大学电机系，1946年获得美国密歇根大学硕士学位，1951年获得伊利诺伊大学博士学位。历任中央大学助教，美国RCA公司研究工程师，大连工学院教授，中国人民解放军通信工程学院教授，电子工业部12所高级工程师，电子工业出版社总编辑兼西安电子科技大学教授、博士指导教师。

[②] 胡征，1917年12月生，湖南邵阳人。1942年毕业于西南联大电机系，1950年获美国丹佛大学硕士学位。1951年9月入大连工学院任教，历任大连工学院电讯系副教授、中国人民解放军通信工程学院教授会主任、西北电讯工程学院副院长。

院很少开这门课，最近理工结合的系，少数学校又开了），这是一门较难的基础课，其中很多概念和定理，非常普适和基础。由于其概括性强，所以较为抽象，学生掌握和应用都较难。毕先生上课，速度不快，语调平和，深入浅出，课堂上很易接受，但课后一看，呀！讲义多达近20页，这么多细节内容！同学们开始吃惊了。还留有为数不多的习题，每题都要利用基本概念和定理，并要绕弯子才得解扣，可不好对付！当时王越任课代表，记得有一天下午，三节自习课过去一大半，全班同学三道习题一道没做出，王越只好去求教毕

1950年刚入大学时的王越

先生，他和蔼地说："是吗？卡在哪里呢？你给我式子。"王越便列出两个公式，毕先生说："这不行，你再给！"王越又提出两个，毕先生微笑说："差不多了，你过15分钟再来吧。"王越想：毕先生在测试我又在提示我。20分钟后王越再去教师辅导值班室时，毕先生已将三道题全部解出，的确就是利用已讲过的基本概念和定理，绝没有超出内容，这使同学们恍然大悟：基本概念和定理是这样用啊！这就是名教授"炉火纯青"之基本功，使学生领受教益！

王大珩（1915—2011），原籍江苏苏州，1915年2月26日生于日本东京。1936年毕业于清华大学物理系，1938年赴英国伦敦帝国学院（即帝国理工学院）留学，专攻应用光子学，1940年获硕士学位，1942年被英国伯明翰昌斯公司聘为助理研究员。1948年从英国回国，先到上海、后辗转由香港经朝鲜到了刚解放不久的大连，参加了创建大连大学的工作，并主持创建应用物理系，任系主任。在当时物质条件极端困难的情况下，王大珩依靠自制仪器解决了全年级学生（600余人）开设大学普通物理实验课程的问题。后在长春光学精密机械研究所担任了30多年所长。王越便是在王大珩指导下进行物理实验的。王大珩先生一丝不苟的学术作风至今深深印在王越脑海之中。

王大珩先生负责大一的普通物理的实验，他每次都亲自到实验室看学生实验，要求非常严格。王大珩要求学生必须按照要求来做实验，马虎一点

都不行。有一次做三点力平衡实验，原理上是交到一点力才平衡，合力等于零。但是实际上做实验的时候，实验设备有摩擦力，结果不是一点，而是一个小三角形。有些学生调不到最小的三角形，而恰好又到了吃饭的时间，为了赶快结束实验就把结果修正成一个点，而实际上就错了。王大珩一看到这个结果，就给批上："凑答数，骗先生，不给分"九个字。另外，做试验时用的进口精密天平，砝码精确到微克级。在 20 世纪 50 年代，精密天平还是很宝贵的，王先生告诫学生们绝对不能用手拿。有的同学感觉用镊子夹砝码很不方便，便趁先生不注意，用手拿法码。王先生发现后，就给狠狠地扣了分。这些王越和同学们印象很深，实验是工程技术人员研究的主要手段，必须严格地遵守实验操作程序，认真记录实验结果，并与理论进行对比。

　　科学研究不能有半点侥幸心理，老师们既宽松又一丝不苟的学风也使学生养成了严谨的学术作风。在王越的记忆中，大学二年级上学期时，有一个静电计测量考试，测量时静电计的小反射镜运动遵守二阶微分方程的全解，最后要平衡下来，并有过阻尼达平衡态、欠阻尼以及正好临界阻尼达平衡态，还要求现场推导方程、解方程，这是较难的考试。班里有个叫吴廷赞的同学在实验室考了 9 个小时，从下午 2 点到晚上 11 点。最后监考教师对吴廷赞说："我看你今天完不成了，明天继续来考吧。"吴廷赞回宿舍后跟王越说："那个副教授说今天就到这里吧，你也累了，我也累了，明天再来啊，从头再来。"

转校参军

1950年，朝鲜战争爆发。周恩来代表中国政府发表声明，对美国侵略朝鲜、干涉亚洲事务的行径表示强烈谴责。号召"全世界一切爱好和平正义和自由的人民，尤其是东方各被压迫民族和人民，一致奋起，制止美国帝国主义在东方的新侵略。"但美国不仅不顾中国政府的多次警告，反而派遣军机多次侵入中国领空，轰炸我国丹东地区，严重威胁新中国的安全。全国人民都感觉到这是关系到国家生死存亡的问题。据王越回忆，1950年最紧张的时候，大连工学院已经有一些仪器开始装箱，准备撤退。有时志愿军伤员会经安东、大连送往内地就医，王越和同学们还会到车站去接伤员。

1951年初夏，美国出动八架军机入侵沈阳领空，苏联帮助中国在空中对美国军机进行拦截，击落七架美国军机，逃走一架。为了防御敌人的空袭，中央军委总参谋部于7月4日电令各大军区严密对空警戒，重点加强东北地区的防空。8月，当时正在上海学习防空业务的华东军区航空处雷达营被调往东北，担负对空警戒任务。

雷达营初到东北时，将雷达架在安东镇江山和连山关老爷岭等高山上。但除安东雷达站能发现少量几点情报外，其他雷达都探测不到目标。后经雷达营的领导与苏联专家及各连技术人员研究，找出了原因，随即组织各连技术人员按照雷达对地形的要求重新勘选阵地，并根据地形影响雷达探测性能的原理调整了雷达的部署。10月中旬，雷达探测效能开始得到发挥。随着战争的进一步发展，部队对雷达和雷达技术人员需求强烈，急需创办雷达专业，培养雷达技术人员。国防事业的需要改变了王越初定的求学轨迹，使王越从一个普通的大学生成长为一名军人大学生，专业也从民用通讯转向军用通讯。

为了没有盲区的天空
——火控雷达专家王越的故事

1951年12月的一天，大连工学院电讯系的全体师生突然接到在大礼堂集合开会的通知，会上军委总参谋部通信部罗若遐副部长宣读政务院命令，将大连工学院电讯系连所属设备一起并入中央人民政府革命军事委员会工程学院第一部。全体师生听了这道命令之后，又惊又喜，惊的是这一消息来得颇突然，喜的是可以成为光荣的人民解放军中的一员了。在抗美援朝大环境的影响下，大家参军热情很高。从小生活在沦陷区的王越，更加渴望能够有"保卫祖国，打击敌寇列强"的机会，所以积极要求入伍。但并不是所有人都有资格加入解放军。在去张家口之前，不少学生被学校严格的政审所淘汰，只好退学；还有少数几个不愿参军的同学被学校开除了。

关于大连工学院电讯系师生并入军委工程学校的缘由，西安电子科技大学的保峥院士是这样讲述的：这件事大约是1951年决定、1952年初正式调过来的。当时我还是学生，具体情况也是听来的，可能不完全准确。当时是抗美援朝时期，现代化战争需要雷达，部队要培养雷达方面的技术人才，急需开办雷达专业。当时部队里没有合适的人选，不知怎么就提到了毕德显，说毕德显在美国八年并在RCA无线电公司工作过，搞过微波，懂雷达。

部队当然不能直接去找毕德显。他们就给周总理汇报，说部队里需要懂雷达的人。周总理就问，在我们国家哪里有这样的人？他们就提到了毕德显。周总理问了毕德显的情况，说那好，就把毕德显调到部队里来。周总理又补充说，光调毕德显一个人还不能起作用吧？是不是把他这个单位整个调过来？就这样，就把大连大学工学院的电讯系，连教师、学生和仪器设备，都搬到了张家口军委工校（西安电子科技大学前身）。大连工学院电讯系的整体并入使原军委工校发生了很大变化。因为军委工校建立之初，虽然从全国召集了一批专业人才，但专业人才还是比较少。这些人中，有一批1949年刚刚毕业的大学生，也请了一批老的教师，比如金有巽教授等。他们中的很多人水平不错，但多数人毕竟是刚毕业，或刚参加工作不久，也没有形成团队。

毕德显从大连带过来的人就不一样了，是一个比较完整且水平较高的教学班子。在这批教师中间，从美国留学回来的就有四位：毕德显、吴鸿适、胡征和周光耀，其他还有相当多的教授、副教授和讲师。这些人到了张家口以后，学校教师队伍的面貌发生了很大的变化，专业人才得到充实。除了毕德显率师生加盟外，1951年和1952年，学校不断从外面吸收了很多人。比如像吴万春、樊昌信等，就是从北京大学毕业分配来的；叶尚辉、谢希仁、汪茂光等是从清华大学毕业分配来的，他们都是高材生。

1952年2月底，在毕德显率领下，大连工学院电讯系师生奔赴军委工程学校。一辆专列将大连工学院电讯系的24名教师、187名学生以及仪器设备等全部家当搬到了张家口。在胡征的回忆录中记录了搬迁过程：

　　在凛冽的寒风中，我们乘坐一列包车，从关外的大连经沈阳、天津、北京向塞外的张家口进军。这不是硬卧铺车，也不是硬座车，更不是软卧车，没有餐车，而是一列混合列车。既有座位，也有用座椅和凳子搭起来的卧铺，大小行李、家具、用具则混杂其间。这样的混合列车，过去我们没有乘坐过，后来也没有乘过。当时我们大家都没有怨言，因为我们理解那时正在开展"三反"运动，浪费也在反对之列，谁也不许作过高的要求。

　　这不是直达列车，但也不是每站都停的慢车，现在已记不起经过几个昼夜才到达张家口的。那天，张家口正下着大雪，军委工校第一部的首长率领不少干部和战士来到车站迎接我们，我们很受感动和鼓舞。今后我们就要在解放军里生活、学习和工作了。

　　在张家口军委工校工作的最初日子里，给我们的印象是"团结紧张，严肃活泼"。解放军的军号声代替了一般学校的电铃声，严格的作息时间代替了自由散漫的老百姓生活，要出早操，要排队，要齐步走；在思想方面开展批评与自我批评等。这些，最初是有点不习惯，不知经过多少日子，也就习惯了。

　　从大连工学院到军委工程学院，不仅仅是换了一个学习的地方，更重要的是身份的转换，王越从此成为一名光荣的革命军人。迁校时学校也给每位学生提供了方便，准许学生们在去军校前和家人见面。当王越得知从大连的专列会路过天津时，非常激动，立刻给母亲写信约定和母亲在天津车站会面的时间。参加解放军后，王越就没有回过家，也很少和家里进行书信交流，直到大学毕业。

　　随着大连工学院电讯系师生的加入，张家口军委工程学校便汇集了几乎来自全国各地优秀学员和电子领域的著名学者，他们在这里筑就了中国信息和电子技术研究和高等教育的丰碑。1952年，毛泽东下令将中央军委工程学校一部组建为中国人民解放军通信学院；1952年5月19日由中央军委发出通知：成立"中国人民解放军通信工程学院"；1958年学院迁址陕西西安，改称为军事电信工程学院；1960年更名为解放军军事电信工程学院；1966年，学校的管理从军队转至地方，更名为西北电讯学院；1988年改称为西安电子科技大学。

为了没有盲区的天空
——火控雷达专家王越的故事

军人大学生

加入中国人民解放军后，王越的大学生活发生了很大变化。一到张家口，学校就进行入伍教育和思想改造，让学生首先感觉到普通大学生与军校大学生的区别，穿上军装就不能再像普通大学生那样随便说话办事儿。部队实行严格的军事监管制度，有严格的纪律约束，比如站岗、笔记保管制度等。同时，军队切断了学生们同家里的经济来往，部队明确规定入伍后不能用家里的钱，所有生活必需品均由部队统一供给，每个军人必须服从。军旅生活把王越打造成一个坚强的革命战士，也培养了王越的适应能力。所以在后来的岁月里，不管科研、生活的环境条件再艰苦，王越都能服从国家和社会的需要，全力以赴地做好科研工作。

张家口的自然环境非常恶劣，学校最初的校舍是接收日本军队撤退时留下的一个宿舍区和一个仓库，老师和学生都住在平房，没有暖气，冬天房间里的水都会结冰。吃的几乎都是粗粮，大部分是高粱米和荞麦面。高粱米饭装在一个大木桶里，大木桶敞口放在院子里，学生自己打饭回到宿舍去吃。张家口地处山区，风大天寒，所以经常风声呼啸，吃饭时，塞北草原的大风沙一来，黄土遮天蔽日，尘土沙子便飞到装高粱米饭的大木桶里。虽然这和大连工学院的生活、学习环境差距很大，可大家苦中作乐，仍然乐观积极地开玩笑说："高粱米饭就沙子——培养咬牙精神"。

成为军人后，站岗是军人生活的必须科目。张家口的冬天很冷，晚上温度可达 -20℃ ~ -30℃，可想而知，在户外站上一个小时的滋味。据王越讲：站岗要有军姿，脚要像钉子一样钉在地上，纹丝不动，不可以随意走动，但眼睛却在时刻观察情况。遇到晚上站隐蔽岗哨，还要注意隐蔽观察，比如晚上一点到两点，站一个小时，脚几乎冻透了，回到宿舍后，脚一直是木木

张家口解放军通讯工程学院政治部及器械操场（西安电子科技大学校史馆提供）

的，到天亮也暖不过来。站岗都是单人岗，对胆小的同学来说是一件很受折磨的事情，但是很锻炼人的意志和负责精神。

在王越看来站岗是天经地义的事情。往大里说，站岗是为保卫祖国，保卫人民安定生活；往小里说，站岗是为保卫部队、首长安全，更好地完成各项任务，同时也培养和锻炼了每位军人负责、慎独的精神。

迁至张家口之后，由于家庭成分较高且那时通信也不太方便，王越便很少同家里联系。儿行千里母担忧，长时间收不到儿子的信，王越的母亲甚为担忧，以为王越去朝鲜战场参战去了。于是就给王越写了封信，说"如果你学习工作太忙，就不用写回信，只在信里签上你的名字给妈妈寄回即可"。收到母亲的信后，王越立刻给母亲回了信，告诉她一切都好，不必担忧。其实母亲的担心也不是毫无根据，解放军军事通信学院有一个班（比王越高一级）的同学的确赴朝参加了战斗，如果抗美援朝战争没有在1953年的夏天结束，王越那个班也可能需要参加战斗。虽然一直从事军事信息方面的研究，但经历过抗日战争的王越心中始终是热爱和平的。

为了没有盲区的天空
——火控雷达专家王越的故事

从电信到雷达

迁校到张家口后，王越的专业也同样发生了转变。为了服从国防需要，王越的专业从民用无线电转变为军用雷达。

雷达是英文radar的音译，为"Radio Detection And Ranging"的缩写，意为"无线电探测和测距"，即用无线电的方法发现目标并测定它们的空间位置。因此，雷达也被称为"无线电定位"。

雷达的设备原理是雷达设备的发射机通过天线把电磁波能量射向空间某一方向，电磁波遇到处在此方向上的物体会产生相应的反射波；雷达天线接收此反射波，送至接收设备进行处理，提取有关该物体的详细信息，如目标物体至雷达的距离，距离变化率或径向速度、方位、高度等。测量距离实际是测量发射脉冲与回波脉冲之间的时间差，据此就能换算成目标的精确距离。在实际应用中，雷达所起的作用和眼睛、耳朵相似，只不过它的信息载体是无线电波。无线电波是电磁波的一种，传播速度是光速（3亿米每秒）。

雷达的概念形成于20世纪初，但直到第二次世界大战前后，雷达技术才得到迅速发展。欧洲和美国的一些科学家在较早的时候就已经知道电磁波被物体反射的现象。意大利人G.马可尼1922年就发表了无线电波可以检测物体的论文。1925年，美国开始研制能测距的脉冲调制雷达，并首先用它来测量电离层的高度。20世纪30年代初，欧美一些国家开始研制探测飞机的脉冲调制雷达。1936年，美国研制出作用距离达40千米、分辨率为457米的探测飞机脉冲雷达。1938年，英国在邻近法国的本土海岸线上布设了一条观测敌方飞机的早期报警雷达链。在30年代，雷达比较笨重，体积较大，很难实现飞机和舰船的搭载，这对雷达的应用是一个极大障碍。1939年，英国发明了工作在3000兆赫功率的磁控管，地面和飞机上装备了采用这种磁控管的微波雷达，使盟军在空中作战和空—海作战方面获得优势。1941年，英国科学家发明了一种产生和发送短波的空腔磁控管，使得雷达技术有了质的飞跃，机载雷达成为现实。

第二次世界大战后期，美国进一步把磁控管的频率提高到10千兆赫，实现了机载雷达小型化并提高了测量精度。在高炮火控方面，美国研制的精密自动跟踪雷达SCR-584，使高炮命中率从战争初期的数千发炮弹击落一架飞机，提高到数十发击中一架飞机。

南京国民政府在1947年编制的《国防部第六厅特种电讯器材修理所三十六年度工作报告书》中曾有这样一段描述："日美中途岛海战，日海军以四倍优势兵力进袭美军，而美军利用雷达先发制人，日军惨败，日军当局遂认为雷达亦为出击重要武器，见解改变……"由此可见，第二次世界大战期间雷达刚刚起步，只有英美等少数几个国家拥有这项技术。在中华人民共和国成立之前，我国电子工业十分落后，雷达工业几乎是空白。

1945年日本投降后，日本留在中国的大部分装备被国民党接收，其中就包括100多部雷达（大部分已损坏）。1946年8月，国民党军参谋总长陈诚下令："降日所缴雷达机器，交由第六厅负责整修，并计划运用。"1947年4月，国防部第六厅在南京水西门灯笼巷10号买下了一座庭院式的旧房子，正式挂牌为"国防部第六厅特种电信器材修理所"。

1948年10月，中华自然科学社出版的《科学世界》发行了一期雷达专号，孟昭英、葛正权、徐璋本、蔡金涛、萨本栋、黄玉珩、马大猷、毕德显等学者撰文介绍了雷达技术及理论。徐璋本在此雷达专号上撰写了卷首语，并发表了《雷达之定时线路》。黄玉珩于1947年编写了200余页的《雷达》一书，交由中正书局出版，目的是为了将雷达知识介绍给国人，推动中国雷达技术的学术研究。孟昭英在《科学世界》专号上发表《雷达通论》，向国人介绍了雷达的基本原理、微波的应用等专业知识，并于1948年在清华大学将美国麻省理工学院辐射实验室的卓越成就及雷达的最新发展详尽介绍到国内，开设了无线电学、电波学等课程，引用美国《马萨诸塞州理工学院辐射实验室丛书》(*Massachusetts Institute of Technology Radiation Laboratory Series*，简称《雷达丛书》)初稿的内容作为教材。

1949年5月，中国人民解放军接管了特种电信器材修理所，标志着中国雷达工业的发展从此揭开了序幕；1950年改为雷达研究所，人员只有100多人；后又改名为第一电信技术研究所，归军委通信部领导；通过扩充和扩建，成为我国第一支从事雷达工作的队伍。

据王越的班主任李文璞讲述，国家原计划是让清华大学和北京工业学院先成立雷达专业，但这两个学校没有接受这个任务。于是时任电子工业部部长的王铮表态说"既然没有人搞，我们来搞！"。于是就从大连工学院调集人才力量到解放军通信工程学院创建雷达专业。20世纪50年代我国有十余所高等院校和一批中等专业技术学校开设了雷达专业课程，这些学校后来都成为了培养雷达专业人才的摇篮。

中国人民解放军通信工程学院在成立之初就设有三个系：指挥系、有线系和无线系。其中，有线系主要是电报电话专业；无线系主要是通讯和广播专业。抗美援朝战争爆发以后，国家对雷达技术的需求急剧增长。为适应国家需要，在毕德显和学院的领导、教师共同努力下，中国人民解放军通信工程学院在1952年以大连工学院的电信系为基础正式成立了雷达工程系并设置了雷达专业。雷达教授会主任由毕德显担任，并开设了雷达原理、电磁场理论等课程。中国人民解放军通信工程学院也由此跻身于中国最早设置雷达专业的大学之列。

此后，王越也由原来的无线系转到了雷达工程系学习，开始专攻雷达。毕德显院士是王越进入雷达研究领域的带路人，在学术上对他产生了重要的影响。特别是毕先生开设的《雷达原理》《天线》和《半导体物理学》等课程为王越日后从事雷达研究工作奠定了坚实的理论基础，同时也培养了他对国际电子学发展的前沿技术的敏感性，使他在雷达研究中受益终生。

恩师毕德显院士与新中国的雷达研究

毕德显院士是我国著名的电子学家和教育家，中国雷达工程专业的主要创始人。毕生致力于雷达、通信工程专业的教学、科研和领导工作，为培养雷达及通信工程技术人才，开创雷达信息论科学研究，发展雷达和通信事业做出了重要贡献。

毕德显1908年12月21日出生于山东省平阴县东三里庄。1927年进入山东济南齐鲁大学物理系学习。1930年春，因齐鲁大学停办，遂转入北京燕京大学物理系插班学习，1934年在燕京大学物理系研究生毕业，正式留校作专职教员。1939年夏，经孟昭英介绍，毕德显到清华大学无线电研究所工作，主要研究保密电话和利用中波广播电台导航飞机问题。1940年夏，由任之恭所长推荐申请得到"中华文化基金会"的留美助学金，同年9月去美国斯坦福大学电机系读硕士，一年后就获得了硕士学位。

毕德显1941年入加州理工学院物理系读博士，并于1944年获得博士学位。毕业后留在加州理工学院火箭理论研究组工作，半年后应聘到美国无线电公司（RCA）工作，主要从事脉冲多路通信设备、自动定向设备及微波通信设备等的研究和制造。1947年9月，经当时的中央大学物理系主任兼中央研究院物理研究所研究员赵忠尧教授介绍，毕德显回国到南京中央大学物理系任教授。

1948年冬，毕德显拒绝了南京国民政府要他去台湾的要求，响应共产党地下组织向他发出的去东北解放区任教的邀请，在中央大学地下党的安排下，与其他教授一起经上海、香港并取道朝鲜，终于在1949年初辗转来到解放区——大连，担任中国共产党创建的第一所工科大学——大连大学（后改名大连工学院，现为大连理工大学）电机系和电信系的系主任。

1952年2月29日，毕德显带领大连工学院电信系师生共211人离开大连，来到张家口，加入了人民解放军。同年，在通信工程学院正式成立了雷达工程系，创建雷达工程专业并主持了这一专业的课程设计工作。他不仅提出了该专业的基本教学要求和培养雷达工程师的明确目标，并将其作为电信系当时的主攻方向，开始了对信息论在雷达和通信中的应用研究。

毕德显作为我国雷达专业的最初设计师，最早把自动控制技术、脉冲技术、微波技术和检测理论等编入雷达工程专业的教学课程中。那时，雷达是一门新兴的技术，资料和人员缺乏。为了编写出中国自己的雷达工程专业的主要教材来建设这一新专业，他多方写信聘请教员，自编自译教材，比如当时雷达专业的《微波传输技术》及《雷达原理》等课程，因熟悉的人不多，他就自己搜集资料，编写教材，亲自登上讲台为学生讲授。1953年，毕德显翻译出版的苏联爱金堡的《天线》一书，是中国最早出版的一本天线专著，为中国天线的发展起了很大作用。在他的倡导下，通信工程学院自50年代始就筹备建立了雷达军用机实验室。

毕显德在工作中非常重视科研基础理论的教学。他认为只有理论基础牢、知识面宽，才能在今后的研究工作中有较强的适应性。他将基础理论学习的作用形象地比喻为"根深才能叶茂"。因此，他在教学时就非常注重普通物理等基础课程的讲授，强调基本概念的掌握。课堂授课深入浅出，生动而富有启发性，既传授了知识，又指出了研究方法，学生们都很喜欢上他的课。王越非常喜欢毕先生讲授的《雷达原理》，这门课使王越系统地掌握了雷达的原理与结构，使他在以后的雷达研制过程中能很快发现问题并提出解决方案。

除了重视基础理论教育，他在教学工作中还注重紧跟世界电子高新技术发展的前沿。在带领教师团队编写微波电子学讲义时，根本没有参考书可以借鉴。像微波电子学这类课程的英文原版教材也很难购进，国外的非公开资料极难获取。教师们只能以浏览英文杂志为主要方式来了解当时的先进技术，有时也会想办法通过其他的一些渠道获得相关资料，再加上老师们过去在国外学习的亲身经历与知识基础，最终编成的讲义和课堂所讲授的知识总是与世界前沿进展密切相关。

晶体管于20世纪40年代末在国外问世后，毕德显在50年代初期就开设了《半导体物理学》新课，这为后来王越院士主持设计中国第一台晶体管化炮瞄雷达打下了坚实的基础。同样在50年代初，毕德显在外国的杂志上看到几篇有关信息论的论文，立即引起了他的注意。他预见到这门科学在未来通信和雷达中将有广阔的应用前景，于是他邀集几位理论基础厚实而又有进取心的教员，组成研究班子，由他指定要看的书和资料，开始对信息论进行研究。不久就陆续在院报上发表了一些研究文章，并取得了初步研究成果。当时自动化技术在我国刚刚开始起步，毕德显就组织人员编写了《自动控制原理》的教材并开设相应课程，他是我国最早把自动控制原理用于雷达装置的人。1956年，在我国刚开始进入电子计算机的研制领域时，他就派人出去学习该技术。正是由于毕德显对专业课程设置的远见卓识与大胆创新，使雷达专业系统地教授了雷达的原理、构造、设计方法、国际发展前沿等相关知识。全面的专业教学从理论到技术上指引了王越和其他学生，使新中国的雷达界迅速涌现出了王越、保铮、丁鹭飞、张范基等一批顶尖的人才。

王越在一篇回忆毕德显院士的文章中写道：1952年院系调整后，全系师生转入军事通信学院雷达工程系，自然涉及微波和超高频领域，在当时属前沿领域，没有教材也很少有参考书，要开这方面系列课难度很大，毕先生便组织全系教师包括回国的教授、副教授参考杂志文章及工作实践自编教材，开设了系列新课，毕先生以身作则率先开设微波天线、电波传导等课，这些课在国内高校中可以说是领先开设的！记得四年级有一门重要专业基础课——微波电子学，开始是由吴鸿适教授授课，他编的讲义起点高、内容新，用量子力学及电磁场理论来讲述微波管子电子发射及形成电子束的微波能量交换等机理。吴先生讲课很精彩，但学期中间，因国防紧急任务而调往其他单位，接课教师又是毕先生，课讲得同样精彩。1956年临毕业前，彩色电视当时是新事物，同学们觉得学雷达也应懂些彩电原理，还是毕先生出马，40学时的彩电原理，三色原理、彩管结构、图形伴音、调制解调、信息容量、UHF、城市建筑多路径形成重影等要点一个不漏，并结合过去学过的基础课讲授，使我们很快便掌握了彩电的基本原理，再次有力地证明了基础课和基本功的无比重要性。

为了更好地建立新中国自己的雷达专业，苏联专家也为工程学院的教学付出了很多心血。20世纪50年代，苏联政府协助我国进行社会主义建设，派一批苏联专家来华工作。中央军委决定聘请六名苏联顾问到工程学院协助工作。

因为当时苏联红旗军事通信学院的课程体系是围绕系统类型或者是重大产品设置系和专业，例如坦克系、雷达工程系、航空系等，课程的设计也是围绕产品或系统来进行的。这种围绕产品的课程体系非常切合国防工业技术的迅速发展，培养的学生在工业界很快能发挥作用，对于迅速提升我国某些军事产品的制造能力很有帮助。所以上级指示工程学院于1953年在苏联专家的帮助下，根据我国的实际情况参照苏联红旗军事通信学院设置系和专业，并制订了通信电子技术方面的教育计划。

1953年，中国人民解放军通信工程学院已经设置了指挥、有线、无线和雷达工程四个系的专业课程。其中雷达工程专业课课程体系设计是围绕雷达产品的组成和原理进行的。专业课有《无线理论基础》《接收机》《发射机》《军用机》《天线》《电波传播》《电工电信测量》《电报》《电话》《雷达理论基础》《雷达指示设备》《雷达接收设备》《雷达发射设备》《军用雷达》一共14门课程；此外还有15门公共基础课，分别为《政治》《军事》《俄文》《工程画》《物理》《化学》《数学》《理论力学》《材料力学》《机动学》《电工原理》《电机》《化学电源》《内燃机》和《电子管》。

除苏联的帮助外，毕先生等一批从美国回来的教授，还为学生开设了《半导体物理学》和《自动控制原理》等基础课程。所以王越感觉那个时期人才培养比较全面。王越回忆说："在大学时期我们就对苏联以及世界先进的雷达系统进行过详细的解剖分析，对其原理已经摸得很透，对于雷达研制过程中的问题知其然，也知其所以然，这为后来的雷达研制打下了良好的基础。"像毕先生他们这批从美国回来的教授，知道基础比较重要，所以一方面按照雷达产品设置专业课程；另一方面学雷达工程之前，必须把通讯的课程全部学完，所以雷达的理论基础也比较扎实。

正是由于毕德显和其他一大批人的共同努力，在20世纪50年代初，我国终于培养出了一批自己的雷达工程技术人员。王越和他的同学及前后届毕业生及时改变了我国雷达科研人员极其缺乏的现状。他们毕业时所掌握的雷达专业知识基本代表国际先进水平，并掌握了当时全世界无线电发展的前沿技术，所以，毕业后他们迅速成为雷达研究领域的核心力量，并逐渐成长为雷达研究领域的专家和领军人物。他们中的许多人为发展中国雷达技术做出了突出贡献，其中保铮和王越当选为中国科学院院士。

追着老师问的学生

作为军人的六年大学生活，几乎很少有假期，暑假最长也不超过两周。在这六年间，王越仅在1951年的暑假回过一次家。1952年学校从大连迁往张家口途中，在天津火车站与母亲见过一面。1954年妹妹王超去苏联留学，王越向学校申请回家探亲，但学校没有批准。

六年的时间，王越几乎把所有的精力都用在学习上。他并不满足于仅仅会做老师出的题目，而是要求自己积极思索，从原理上理解所学内容并能够学以致用。刻苦扎实的大学学习为他日后的研究工作打下了坚实的基础。

王越从大三开始学习通信方面专业课。学完近十门通讯方面专业课之后，就开始雷达课程的学习。雷达有很多种类，频率不一样，功率不一样，作用就不一样。涉及雷达的专业课程有《电路》《发射设备》《接收设备》《控制设备》，基础课程有《微波电子学》《微波电路》《微波传播》，从波导传输的原理一直学习到天线技术。要使天线能够精确地跟踪目标，需要用到自动控制方面的知识，就要学习相关的控制系统课程。总之，所有涉及雷达系统的课程全部要学。这种以系统或产品为核心的苏式课程设计，使学生可以全面了解产品的结构、原理，知识面比较宽，同时实践能力也能够得到很好的锻炼。

王越当年学习的课程与现在雷达工程专业的课程相差不多，只是考试方式和内容与现在有很大差异。有些考试采取口试形式，有些课程考的是实际操作。譬如，电源课包括电站发电机（以柴油或汽油为原料）内容，实验考试时要求学生把汽油机全部拆掉了再重装，所以内路、油路、滑润路、电路，包括汽油机的点火次序都得学会调。一般的考试都是面对面考试：考场前面坐一排教授，主讲教师虽然在场但不能提问。每个学生的考试题目也是随机抽取，根本不可能存在抄袭的情况。这样的考试成绩能真实地反映学生对课程的掌握程度。据王越讲述："口试不会出大量的试题，但是概念需要非常清楚，思路也要非常清楚，学得好不好一眼便知晓。学得越不好的，答案写得越啰唆，抓不住重点。考试时先进去抽题，三道题。先进去两个人，第一个人开始答题时，第二个人就要做准备。每个人给 20 分钟答题思考，在第一个同学答题的 20 分钟内后一个同学应该在黑板上把答案写出来。有个规律，越学得差的学生，回答抓不住要点的，教师问的问题就越多，因为教授要摸清他掌握的程度，时间就长。如果答题直中要点，老师可能只问几个深入问题，六七分钟就可以结束。我们都希望前面的同学比较差，这样就有充分的时间准备了。所以半个小时出来的往往是 3 分，六七分钟出来的是 5 分。我有好几次考试都是几分钟就把答案写出来，也不写太多，但是核心要点写出来，教授一看，就这个问题再深入地问两个问题，如果能轻松正确回答，教授一般会给 5 分。所以到我答题时，教师会说别急别急，20 分钟还不到就结束了，那时候考试很有意思。所以很多同学不愿意排在我后面考试，因为我答题太快了。"

曾在 1952 年担任王越班主任的李文璞老师曾这样评价王越：王越不是死读书的人，他思路开阔、理解能力强。担任多门课程的课代表，提出的问题比较深刻、尖锐。虽说他学习成绩不是班里最好的，但是思维敏捷，能举一反三，在班级里绝对是一流的。考试的时候，他的答题步骤太简单，有时也会出一点符号方面的小错误，所以他有时拿不到满分。王越大学时候喜欢踢足球，大冬天经常在操场上长跑。他的 400 米的成绩也是很不错的。

正像李老师所说，王越在班上思维非常活跃，有时课程刚刚讲到第三章，他就已经开始思考第四章的内容。他习惯于从原理、规律上理解问题的实质。其实从他小时候组装收音机开始，就养成了从原理上考虑问题的习惯。每当线路走不通或出现噪声时，他就会考虑问题的根源在哪里。不过小时候因为他的基础理论知识还不够丰富，所以有些问题并没有得到很好的解答。当所学的知识能够解答自己的困惑时，他就会立刻兴奋起来，表现出非常强烈的求知欲，然后会进一步思考更深刻的内容。

据王越回忆：当时教师的讲课有一些特点，没讲之前要先提问，而且对即将讲授的新内容进行提问。这要求学生一边学习，一边复习学过的内容，思考下一节课的内容，目的是让学生主动思考。老师上课之前通常会对本节课即将要讲的内容提问我，坦率地说，他并不是故意难为我，他是想把本节课的关键问题先提出来，引起同学们的注意力，但是老师问的大部分问题我都能答出来。我答出来之后，老师再问其他的同学，问我答得对不对，很多同学说我答得不对，老师说我是对的。

我上学时闹过很多的笑话，大学三年级时，应用力学有个老师，考前教我们复习注意什么，他出了一道题，这题看起来挺难，他刚在黑板上写完题目，我想了一下便站起来说，"刘老师，你这问题的结果是等于零的"。他好像有些不高兴，题目刚出完，他还没解释，我就说结果等于零。于是他就问，你怎么判断等于零的，我就给他讲我是怎么分析的，他点点头说你也太快了，其他同学还没反应呢。

大学四年级时，吴鸿适先生教《微波电子学》的课程。吴先生课讲得很生动，深入浅出。有一次上课他提出一个比较深奥的问题，没有人举手回答。当时王越也在积极地思考，基本原理和思路已经很明确，但是最终的答案还没有解出来。吴先生就点了王越的名，王越分析了那道题的基本原理、解题思路和解题过程，吴先生说王越的思路是对的，但是解题过程有点问题。下课后，同学们都去吃饭了，王越却拉着同学张范基研究那道题的解题过程，最终两个人得出了正确答案。期中测验，吴先生恰恰出了那道题，全班只有王越和张范基答对了。

李文璞老师曾说：王越思维活跃，是电路、电磁场等课的课代表，所以除了自己提问题外，可能要把同学们没有搞懂的问题汇总出来问老师。他总是有很多问题，有时他的提问很有深度，老师要很久才能给他解答。据说有些老师不愿那么快给王越答案，因为给了答案，他又会问别的问题了。

正因为爱钻研问题，王越的学习成绩一直很好，分别在1952年2月、1955年9月和1956年2月三次获得通信工程学院颁发的国家学术优秀奖。

在六年的大学生活中，王越接受了系统完整的无线电与雷达技术的专业训练，掌握了雷达的基本原理和结构，为日

1955年王越获得的国家学术优秀奖证书

作为军人的大学生涯

47

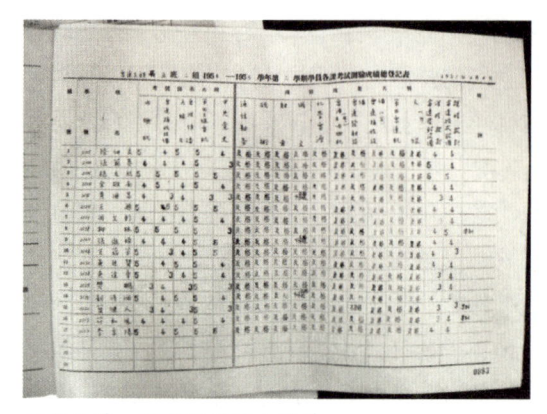

王越大学四五年级时的成绩单

后从事雷达研究奠定了坚实的基础。在王越参加工作之后，786厂的总工程师顾汉新对王越的知识基础赞不绝口：王越的基础非常好，一到786厂就迅速展露出来。雷达研制过程中遇到什么问题，他能迅速判断出根源所在，并找到解决的方案。他的外语也很好，苏联的图纸资料（俄文的），他能迅速地阅读和翻译，纠正了很多以前翻译不准确的地方。

最后一个入团

中国人民解放军通信工程学院对学生的要求很严格，淘汰率很高。当时从大连工学院去张家口时，王越所在的班级有 52 人，毕业时只剩下 25 人。一门课不及格就要退掉。生病缺考也不行。据王越讲述，班里有一个叫刘廉昌的女同学，在大学四年级的考试前生病了，住在疗养院休养，王越曾受命到那里给她补过好几次课。但最终因为无法参加考试，学校就让她退学，她只好转业了。

除了成绩不达标被淘汰之外，李文璞老师认为当时被淘汰的大部分学生是因为家庭出身问题。王越班里的同学有相当一部分家庭成分比较复杂，有些是从国外回来的，比如有从新加坡、印度尼西亚等国归来的华侨。1954 年"肃反"时，学校审查很严格，很多同学被淘汰了。

通信工程学院严厉的思想政治工作和张家口艰苦的生活环境，把王越锻炼成了一个钢铁般的战士。王越在思想上也经受了历练，使他有足够的坚韧承受日后生活和科研工作中的艰苦环境。王越是一个积极向上、对学习和工作都充满热情的人，但他却是全班最后一个被批准入团的人。主要原因是他思路开阔、往往不受束缚，老师和同学有时觉得他有点自高自大。

1953 年，高淮清老师开始担任王越的班主任，他在 1954 年度四班学员升级鉴定中给王越的评语有两条是这样写的：

（1）有热情，对交给的具体工作负责，能在学习上、生活上关心同志，对组织提的要求和意见能虚心接受。由于自高自大思想比较严重，只见别人缺点，不见别人优点，故不能虚心向别人学习。在总路线学习中揭示了自己的个人英雄主义、自高、自大思想后比较以往有改进，争吵现象减少，并注意克服享受、好铺张浪费的生活作风，并意识到政治和技术的关系，并表示

作为军人的大学生涯

49

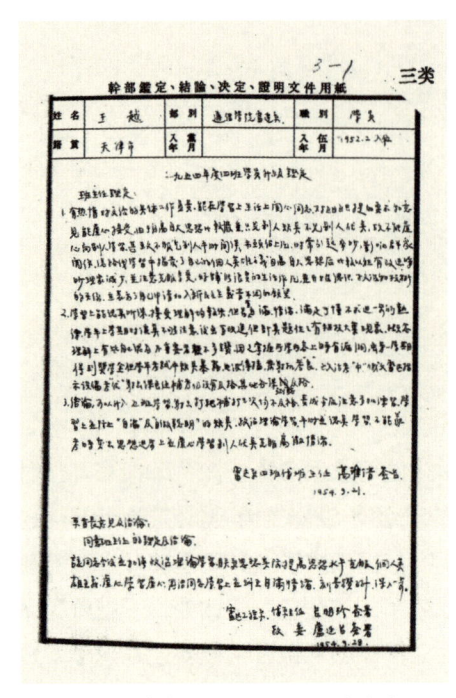

班主任高淮清在1954年度四班学员升级鉴定书上给王越写的评语

了自己加入共产主义青年团的愿望。

（2）学习上能认真听课，接受理解较快，但有自满情绪，满足于懂，不求进一步的熟练，学年上学期对演算不够注意，虽有改进，但是计算题往往有粗枝大叶现象。概念理解上有些认为不重要，不重要者便不多钻，因之掌握所学内容有漏洞。虽然第一学期得到奖学金，但全学年考试中缺点暴露，电波传播、射击考"良"。

高老师的这份评语尽管带有一定的时代烙印，但也从一方面反映出大学时期王越的性格特征、学习状况和思维方式特点。

从小熟知孔孟之道的王越，可谓"仁者不忧，智者不惑，勇者无惧"。他在给同学补课、讲解疑难问题时很热情、真诚。但当遇到是非问题时，他却从不让步。对于老师和同学提出的正确意见或建议，他能虚心接受并下决心改正；但如果遇到自己认为正确的事情，王越会勇敢地坚持，从不退缩。因此，不可避免和同学之间会有一些争执，虽然这些争执是对事不对人，但还是给老师和同学留下"自高自大"的印象。

王越说：上大学时我们的作业并不太多，做作业时，我通常看一看题目，把思路一写，关系式一列，旁边写上"按此式推演，必然得到正确结果"。老师看后就对我有些意见，说我是自高自大。其实，我认为原理上搞明白了，就可以举一反三，没有必要浪费很多时间去做一些看来毫无意义的事情。但是老师却不这样认为，说我是自高自大。有很多老师盯着我，因为上课老师和班主任说我比较不按常规，另外说我小资产阶级知识分子的气味特浓，又不太守规矩。

除自身耿直的性格因素外，从小出生在殷实之家的王越，喜欢比较西式的娱乐，例如打桥牌、踢足球等，这些爱好使老师和同学都感觉到他身上带着小资产阶级的味道。所以他的入团问题迟迟没有解决，直到大学毕业前夕，全班2/3的同学都已经是党员，班长找王越谈话，说："全班党员比例很高，团员就差你一个就满堂红了，你要努力啊。"在大学的最后一个学期开学之初，也就是1956年2月，经沈梅琴同学介绍，王越终于加入了中国共产主义青年团。

入团以后，王越在政治上有了更高的追求。1956年大学毕业前夕，王越向党组织郑重提交了入党申请书。但由于家庭成分较高和比较复杂的社会关系，他的入党之路很坎坷。

从1952年参军到1956年毕业，四年间王越接受过好几次严格的政治审查，他是一个内心无比坦诚的人，对自己出身和社会关系开诚布公，他认为这是客观存在的，是一个人无法选择的，所以他从不回避自己的出身和社会关系。

王越的表哥叫陈仁怡。当王越在上海读高中时，由于爱好无线电，表哥曾给过他一些无线电实验的器材。中华人民共和国成立前夕陈仁怡去了香港，王越就和表哥失去了联系。那时表哥已经40岁左右，和王越的年龄差距甚大，王越对他具体的工作单位和工作内容一无所知。在1952年、1955年、1956年的多次政治审查中，学校对陈仁怡的情况都进行了详细调查。直到1955年学校政治部的人才告诉王越，陈仁怡曾在美军的海军电台工作过。有这样复杂的海外关系，所以他不可能被列入发展对象。

为了没有盲区的天空
——火控雷达专家王越的故事

毕业转业

1956年毕业前夕,王越接到学校的通知,要求他做好准备去苏联留学。王越收到通知时,心中充满了喜悦,不仅因为当时苏联的科技基础是令国人仰慕的,还因为王越的妹妹于1954年去苏联留学,他想去看看已经分别五年的妹妹。但1957年上半年,中苏关系突然紧张起来,留苏人员数量骤减。与此同时,国家也调整了人员派出结构,采取"多派研究生,一般不派大学生"的方针,因此王越的留学计划十分遗憾地"夭折"了。

1956年王越被授予中尉军衔

毕业前夕,学校举行了授衔仪式,王越被授予中尉军衔。1956年时,中国人民解放军军事通信学院还没有形成正规的毕业照制度,但是授衔以后,大家穿着军装神采奕奕,都想留下珍贵的一刻,所以班里同学就自行组织合影留念并邀请系主任吕明珍和政委卢廷昌参加。

中华人民共和国成立初期,各类工业制造业领域亟待发展。当时中国的重工业领域,如军事工业、钢铁工业、航天工业严重落后。部队虽然需要人,但部队不能总用小米加步枪去应对敌人的导弹、原子弹。没有制造业的发展,部队就没有好的装备,空手打仗是不现实的。所以在大学毕业前夕,国家要求中国人民解放军通信学院的大部分学生转业。在那个年代,军人是一个神圣而光荣的职业,尤其是在中华人民共和国成立初期,人们对于

1956年，王越大学毕业照［前排左起：黄国昌、张进禄、陆仲良、吕明珍（系主任）、卢廷昌（系政委）、翟经魁、石旭明、杨友烈、刘德林；中排左起：段经文、丁鹭飞、沈梅琴、刘云兰、吴道章、余雄南、王蕴芳、刘清润、闵荣宝；后排左起：朱允禾、王越、李宗阳、周文彩、金麟荪、关肇华、吴廷赞、张范基、唐建阳。李文璞提供］

军人的崇敬远远超过今天。同学们虽然难以接受转业的现实，但最终还是以大局为重，接受了转业安排。

1956年7月，王越大学毕业了。那个时代，为了实现高层次人力资源的配置能够最大限度地与国家发展的目标一致，也为了解决我国专业技术人才极为短缺的局面，国家对大学毕业生采取国家指令性分配。在国家统一分配政策和分配计划的约束下，毕业生和用人单位都没有多少选择权。

除了留校的同学以及家庭出身比较好的同学分配到了政府机关，班里有一多半的同学都转业了，分配到各个工厂和研究所工作。留苏未成的王越和张范基、张进禄、金麟荪、王蕴芳、刘云兰、吴廷赞、朱允和刘清润九位同学被分配到786厂。

作为军人的大学生涯

4

与新中国雷达事业一起成长

- 初到786厂
- 中国第一台炮瞄雷达——301系统
- 中国第一台海防雷达——861系统
- 中国第一台全天候歼击机机载雷达——201系统
- 世界上第一部双波段工作的炮瞄雷达——302雷达

初到786厂

中华人民共和国成立初期，中国人民解放军的主要装备是从抗日战争和解放战争中缴获的武器，品种繁杂而且性能落后，很难肩负起有效保卫国家安全的任务，国防建设迫在眉睫。尽快加强国防工业，生产出精良的武器来装备人民解放军，是摆在中国面前的一项十分紧迫而又艰巨的任务。

尤其在抗美援朝开始后，中共中央为了保障部队需要，加强了对兵工生产与建设的领导。1951年1月批准成立中央军委兵工委员会（简称中央兵工委员会），由周恩来总理兼任主任，代总参谋长聂荣臻和中央财经委员会副主任李富春担任副主任。1951年10月，中共中央政治局扩大会议决定：集中力量建设重工业、国防工业和其他相应基础工业。

1952年8月，中央人民政府委员会第十七次会议通过决议：为加强对电子和船舶工业的领导，成立管理国防工业的第二机械工业部（简称二机部），负责管理兵器、坦克和航空工业，并任命赵尔陆为部长。

1953年，国家开始发展国民经济的第一个五年计划（简称"一五"计划），为审议国防工业的"一五"建设计划，1953年1月22日，毛泽东主席主持召开了中央会议并在会议总结时指出："无论抗美援朝战争结果如何，都要搞国防工业的建设与军工生产。朝鲜战争证明，已不能靠夺取敌人的装备来武装自己了。"这是中共中央在国防工业创建初始召开的一次十分重要的决策会议。在"一五"期间，国家开工建设的大中型国防工业项目一共有一百多个。

1953年4月10日，政务院批准将原第一机械工业部电信工业局划归第二机械工业部并改名为第二机械工业部第十局。第十局的主要任务为：第一，为陆、海、空三军提供战略战术通信装备；第二，为航空、兵器和造船等军工部门提供配套的通信、导航等产品；第三，为国民经济各部门通信建设提供有线和无线电通信设备；第四，为宣传毛泽东思想，发展我国广播事业提供成套播送设备；第五，向广大人民群众提供收音机、扩音机和电唱机等消费类产品。

1953年5月，中央政府与苏联政府签订协议，决定由苏联协助我国建设一个高炮炮瞄雷达厂。1953年6月，中央第二机械工业部正式命名该高炮炮瞄雷达厂为国营第七八六厂（简称786厂），9月命名为黄河机器厂，为中央第二机械工业部十局的下属企业，任命齐一丁为厂长、郭子平为党委书记，史铁夫为总工程师。

"一五"期间虽然生活非常艰苦，但大家对工厂的生产建设却毫不放松。1956年，工厂的一号厂房完工，同年3月苏联第一批设计资料到达北京，半年后苏联的图纸、资料复制完毕。10月，786厂开始组织人员消化这些资料并进行生产准备。那时正是中国第一个火控雷达生产研制厂建设的初期，也是国家积聚多方力量研制火控雷达的关键时期，十分需要熟悉雷达技术的科技人才。1957年的夏天，王越大学毕业后正是在这样独特的大环境下被分配到786厂，并且作为重要的科研力量参与到研制中国第一个火控雷达的开创性工作中。

也正是在这一重要过程中，王越将自己的兴趣和社会、国家的需求紧密结合在一起，从一名大学生真正转变为一名国防工程技术人员。在张锡熊、王其扬等雷达专家的带领和影响下，王越迅速成长起来。也正是在这一重要过程中，王越见证了中国第一台炮瞄雷达的诞生。

中国第一台炮瞄雷达——301系统

炮瞄雷达是用于自动跟踪空中目标、测定目标坐标，并通过指挥仪控制高射炮瞄准射击的雷达，又称火炮控制雷达。世界上第一部炮瞄雷达是美国陆军通信队于1938年研制成功的SCR-268型雷达。它用于控制探照灯在夜间照射目标，引导高射炮对目标射击，但它需要手动控制高射炮跟踪目标。

1943年，美国又研制成功微波炮瞄雷达SCR-584，这是第一部自动跟踪炮瞄雷达，它与指挥仪配合，大大提高了高炮射击的命中率。比如德国在1944年使用V-1导弹袭击伦敦。英国在装备微波炮瞄雷达SCR-584之前，为了成功击落一颗V-1导弹需要发射上千枚炮弹。但英国在装备了微波炮瞄雷达SCR-584之后，只需要发射50枚左右的炮弹就可以成功击落一颗V-1导弹。由此可见，炮瞄雷达对于作战效率的提高有着显著的作用。及至20世纪50年代中期，炮瞄雷达多用于控制大中口径高射炮。50年代中期之后，炮瞄雷达的发展则转向控制小口径高射炮。

我国第一台炮瞄雷达是在"一五"期间由苏联援助研制的，苏联的编号是CON-9，也称之为"松九-A"，这个型号的雷达在我国的国家编号是301系统。这种雷达在体制上属于单波段（S波段）圆锥扫描角自动跟踪炮瞄雷达，与美国20世纪40年代研制的雷达体制相似，到了50年代初期，西方各国基本都装备了这种雷达。

我国301系统的研制迈出了中国火控雷达史上的第一步。但对301系统的研制基本是仿制工作，由苏联援助包括工艺设计图纸的整套图纸，并派了一批专家来指导工作，为研制工作提供必要的帮助。

炮瞄雷达通常由发射系统、接收系统、天线馈电线系统、天线控制系统、测距和环视系统、数据传递系统、电源系统等组成。在301系统的研制工作中，王越被任命为测距显示系统的技术负责人，负责解决测距显示系统的技术问题。以测距显示系统内含的晶体振荡器为基准形成的雷达定时分系统是整个雷达非常重要的时间基准，它使全雷达有序地协同工作。

虽然苏联提供了全套的图纸并派苏联专家在现场进行指导，但301系统的研制过程中还是遇到了大量的困难。王越面对的第一个问题就是纠正和完善资料翻译的大量错漏。这些苏联提供的资料多为非技术人员身份的情报室人员翻译的，对有些专业术语翻译的不够准确，还有一些语句存在歧义。这就容易造成技术人员设计执行时的异议，阻碍了设计工作的顺利进行。虽然王越经常谦虚地说自己的俄语水平不如英语好，但他大学时的俄语一直保持着5分的好成绩。正是因为有着良好的俄语基础，使他能够迅速发现问题并及时纠正翻译的错漏。在整个301系统的设计过程中，他翻译了大量试制技术文件，解决了试制中很多技术问题，保证了测距显示系统的正常设计进程。

除了翻译问题之外，301系统的研制也受到中国当时工业制造水平的制约。一部雷达涉及的零件达五六千种，大部分零件需要中国自制。由于生产工艺和材料质量的差距，导致自制的零件和苏联原装雷达的零件之间存在误差，因此需要在设计时根据实际情况及时调整各零件的精度。

从1957年8月到1958年12月，王越主要负责解决301炮瞄雷达测距显示系统在研制过程中遇到的问题。对于遇到的技术问题，王越依然像在学校一样喜欢直接提问、直接指出，所以他在雷达研制方面的进步要比其他人明显。

在学校里老师们一般都比较喜欢好问的学生，但到了工作岗位以后，并不是所有的领导和专家都喜欢爱提问题的工作人员，苏联专家也是这样。在王越所在的实验科有一名苏联专家，他的名字叫基戈，在王越的印象中，这名苏联专家可不太友好。王越清晰地记得自己咨询基戈的问题，他始终没有给予答复。

"坦率地说，我对我们实验科的那个苏联专家印象并不好。因为他很傲慢，有点看不起中国的青年科技人员，所以我们并不欢迎他。我记得问过他一个问题，我说：'您提供的资料不太对'，他说：'不可能'。后来我从电路上分析证明是不对的。他无言以对，就说那我想想吧，以后我会告诉你的。

直到他离开中国,也没有给我一个满意的答复。实际上,他虽长时间没答复我,但我已按原理纠正了资料中的错误。他们从1959年就陆续离开中国了,所以创新和研发必须依靠咱们自己。他之所以这样,我分析有两个原因:一是他们内部有管理体制,不能把核心的技术透露给我们,'以免教会了徒弟,没了师傅的位置',苏联的大国地位受到威胁;二是苏联的专家大部分是生产技术专家,他们在生产工艺、流程方面有丰富的经验,但是在设计思想、原理方面也不很清楚。当然有些专家是很好的,我记得苏联专家普利瓦洛夫是很友好的,他是苏联斯维尔德洛夫斯科一个工厂的一名工段长,技术很过硬的,他还利用工作空闲,编写了《雷达调试中的故障问题及解决方法》一书,无私地献给中国人民。"

在301系统的研制过程中,王越等一批新毕业的大学生的能力迅速得到展现,并逐渐成为雷达研制的中坚力量。他们的基础扎实而系统,所学内容接近当时的先进技术,所以能迅速将研制中遇到的问题用所学的知识解决,很快就在雷达的研制中撑起大梁。

王越则在"不断地遇到问题——思考问题——解决问题"的过程中形成了科学研究的基本思路,对于雷达设计的流程和步骤有了比较清晰明确的认识。

经过了多名同志的艰苦研制,301系统终于在1958年5月中旬进入试验阶段。同年10月,301系统试制成功,工厂验收后投入生产。1958年11月25日,国家对工厂的基建建设进行了验收。1958年12月25日,786厂建成并举行隆重的开工典礼。这标志着厂长齐一丁提出的"边试制、边生产、边基建"的工厂建设主要方针取得了一定的成效。

301系统试制成功后,王越又开始了另一个绝密级项目的研究,并担任

1958年12月,国家对786厂建成投产进行验收并举行开工典礼(源自《情系黄河》)

该项目的技术负责人。从 1958 年 12 月，王越担任 Pn-2y 空空导弹制导雷达编码制导系统的技术负责人，负责解决系统研制中的有关技术问题。当时该系统的保密级别为绝密，在没有设计资料只有一台样机和使用说明书的基础上，还是成功地研制出国产样机。

遗憾的是，Pn-2y 空空导弹制导雷达因苏联不肯提供导弹资料而无法装备部队，样机也没有进行批量生产。苏联和苏联专家高傲的态度使王越感觉国防的科研创新必须依靠我们自己。后来没过多久苏联就单方面撕毁合同，撤走了全部专家，对我国雷达工业影响较大，形势迫使我国更加坚定地走自力更生的道路。王越曾说："那时我刚毕业，谁不想做一点儿新的事情啊？！我们的厂长是一个老干部，挺开放，他叫齐一丁，他也主张我们一方面照着苏联的技术做，另一方面改进苏联的技术。当然改进的技术，有些有一定道理，有些改变也不见得特别有价值，这跟我们当时的研究水平有很大关系。但更重要的是要树立解放思想、自力更生研究设计雷达而不是一味仿制苏联雷达的决心和信心。"

786 厂特殊设计所模范团小组合影（后排中为王越。1960 年 10 月）

1959 年，786 厂成立了设计所，设计所下设有实验科、设计科、元件科和仪表科四个科。实验科负责线路设计，并有总体、发射、接收、天线和显示五个实验室；设计科负责结构设计，并成立了与实验科相对应的各室组；元件科负责电源设备和自制电气元器件设计，主要设计各式变压器；仪表科负责仪器计量、修理和专用测试设备的设计制造，并兼"西北地区无线电计量站"的职责。此外，还有标准化室（主任是曹国瑞）、情报室、资料室和试制工厂。王越被分配到实验科的显示实验室。对雷达事业的无限热爱使王越参加工作后，迅速将自己的所有精力投入到雷达的研制工作中。为了解决雷达研制中的问题，他从不计较个人得失，经常加班加点，得到了很多同事的好评。

为了没有盲区的天空
——火控雷达专家王越的故事

1959年初，党组织找王越谈话，准备发展他入党。遗憾的是，受到反"右倾"运动的影响，单位又开始对王越等进行政治审查。尽管王越从来没有隐瞒自己的社会关系，但仍然因为社会关系问题导致王越夫妇政审不合格。因为家族中的海外关系，於连华就不能参与技术工作了，被下放到车间干检验工作。王越也被迫退出了绝密级的研制队伍，入党问题也由此搁浅。王越认为客观事物（他的社会关系）无法改变，但是为党的最终目标而努力奋斗，积极工作，向党靠拢，这是自己主观上可以做到的。虽然他的入党问题一次次搁浅，但他从未放弃加入中国共产党的信念。

1960年12月，全国开始了产品质量整风的浪潮。786厂也开始调查301系统的质量问题。首先复查设计资料，再查外购件和资料的具体情况，最后将产品存在的质量问题一一分析。为了解决301系统的质量问题，1961年8月，王越被任命为总体主管设计师承担了301系统总体工作，负责小批量生产中的技术问题。于是王越的工作从显示系统设计逐渐过渡到总体设计，这段经历为他后来独立承担雷达研制工作积累了宝贵的经验。

301雷达批量生产后，部队立即进行了大量的装备，使301雷达在保卫国家和人民安全方面发挥了重要作用。

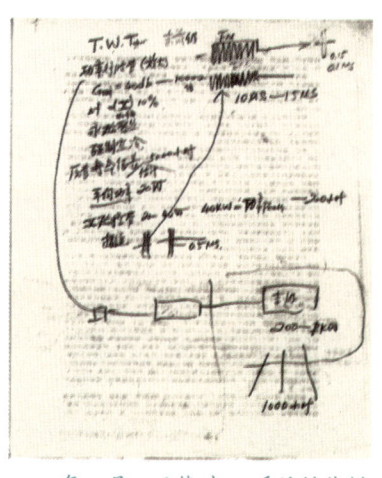

2011年5月，王越对12系统性能描述手稿

20世纪60年代初期，为窃取我国核武器发展情报，美国的U-2高空侦察机[①]多次侵入我国西部某战略基地上空进行非法侦查活动。1962年9月，一架美国U-2侦察机窜犯大陆，但我方发射的三枚导弹全部脱靶。中央军委对发生此事十分重视，广泛发动军工部门研究解决。786厂以张锡雄和王其扬为代表的研究人员分析出U-2侦察机利用了我方制导雷达发射扫描所暴露的信息并使用回答式的干扰方式形成假信息，造成我方错误制导使导弹全部脱靶。针对此问题，我方通过

---

① U-2侦察机，是由美国洛克希德·马丁公司研制开发的单发动机涡喷式高空侦察，首飞为1955年。主要用于执行战略或战术的照相和电子侦察任务。1956年开始装备美国空军，是"冷战"时代美国重要信息收集方式之一。

加装照射天线隐蔽发射波束扫描，有效地破坏了 U-2 侦察机的回答式干扰，一举击落了入侵我国的 U-2 侦察机。但美国方面当时却不了解我军击落 U-2 侦察机的对抗原理，误以为我国改装的制导雷达为 X 波段，故将 X 波段高性能 "12 系统" 装入 U-2 侦察机上企图躲避我方雷达的精确制导。错误的分析当然起不了任何作用，不久又有两架 U-2 侦察机陆续被我军击落。

1963 年 11 月 1 日，由台湾桃园机场起飞的美制 U-2 高空侦察机，深入西北地区完成侦察任务后，上午 11 时飞至江西上饶地区，当它在距我导弹防区 100km 时，被我 301 雷达捕获。我空军按兵不动，巧妙地利用 301 雷达系统先期对敌 U-2 侦察机进行跟踪，避免了因制导雷达早开机而导致的敌机逃遁。在敌 U-2 侦察机距我 75km 时，将其距离、方位角等位置参数输给制导站。这时，制导站立即开机，并采用发射端接上负载（不对空发射），在避开敌机预警系统的同时将导弹瞄准了它。这时敌 U-2 高空侦察机继续大模大样地向导弹基地方向飞来。在距我军 35km 时，我军迅速对空发射三枚导弹，依靠 301 系统对敌机的精确探测和跟踪，一举击落敌 U-2 高空侦察机。这次作战不仅生擒国民党少校飞行员叶常棣，还完整地缴获了美制 "12 系统"，我方可谓捡了一个大便宜。786 厂设计所的科研人员迅速分析美制 12 系统管子的性能特征，为后续研制新型管子提供了有利条件。

301 系统虽然是完全仿制苏联的 "松九-A"，技术没有任何创新，但它填补了我国精密炮瞄雷达的空白，大部分零件实现了国产化，奠定了我国自行设计、制造雷达的基础，进而对火控雷达产品的研制过程有了一个基本把握。在 301 系统的仿制及生产的过程中，王越逐渐掌握了雷达设计的流程和步骤，掌握了雷达设计、调试的方法和手段，积累了宝贵的经验。对于调试过程出现的故障，他能很快正确判断原因所在，及时排除故障。在中国第一台火控雷达的仿制中，王越从一名大学生逐渐成长为一名技术熟练的工程师。

中国第一台海防雷达——861系统

中华人民共和国成立后，盘踞在台湾和沿海岛屿上的国民党部队不断突袭大陆沿海城市。1961年开始，蒋介石叫嚣反攻大陆，使海防前沿非常紧张。大陆海防部队主要依靠火炮迎击沿海岛屿的国民党海军。而我们当时还没有能够大大提高火炮射击精度的海防雷达，于是国家下达命令要求紧急研制编号为861系统的海防雷达。

海防雷达也称岸防雷达，是用于对海防御探测和控制岸防武器的雷达，它包括海岸警戒雷达、岸舰导弹制导雷达和海岸炮瞄雷达等。861系统属于海岸炮瞄雷达，用于海防守岛部队火炮控制。海防雷达和防空雷达最大的不同在于海防雷达必须具有较好的抗海浪杂波干扰的能力。其安装形式有固定式和机动式两种，固定式岸防雷达安装在永备工事内，机动式岸防雷达安装在车辆上。海岸警戒雷达一般设置在海岸和岛屿的高地上，以增大对海面和低空目标的探测距离。

王越在大学时期就奠定了坚实的理论基础，参加工作后在301雷达研制中积累了关于雷达设计的宝贵经验，又从王其扬和张锡熊等前辈那里学习到一些书本上学不到的实践经验和创新思路。到1960年时，已经能够在工作中独当一面，从技术员提升为工程师。于是在国家需要紧急研制海防雷达时，王越就被任命为海防861系统总体主管设计师。这是王越负责的第一个总体设计项目。

由于设计时间紧迫不足以设计新的海防雷达，王越便决定利用301系统雷达作为基础，通过修改一些关键部件来适应海上探测的需要。因为无论是海防雷达还是对空雷达，它们的基本原理是相同的，都是对目标进行探测和跟踪，最后实现对敌的精确打击。

当时海防炮瞄雷达主要配合安防大口径加农炮使用，而加农炮射击角度的精度高但距离误差大，需要及时校正，于是两个关键技术难点就摆在海防炮瞄雷达的研制工作面前。第一个难点是要使雷达能够排除海面的反射杂波，使其不影响对舰船的探测；第二个难点是要使雷达能够控制岸防大口径加农炮对敌舰进行远距离射击，并在射击后迅速精确测出射击距离的偏差，及时校射。

中华人民共和国成立初期，国外对与军事武器有关的信息实行了极为严密的封锁，可供借鉴的研究资料很少。消极等待不是王越的性格，在这种情况下，他便亲自到海防前沿进行调研和实验，并与军方进行交流讨论。

当王越在海边利用一部301雷达对反射杂波进行测试后发现：海杂波虽然很强，但其衰减的速率也很快。如果距离大于8km，杂波在雷达荧光屏上会很快消失，而大口径加农炮射击距离一般大于10km，所以通过对海杂波这一迅速衰减的特性进行分析并加以利用，王越解决了861雷达如何排除海杂波干扰的设计难题。

精确校射是海防雷达研制中的技术难点和技术重点。火炮射击后不能像导弹一样在炮弹飞行过程中自行修正误差，所以要实现对目标的高精度打击就必须依靠精确校射的技术。要进行精确校射，最好的办法是用雷达直接测出炮弹落点与当时目标舰船位置的距离偏差，修正误差后进行射击，从而提高雷达的作战效率。所以火炮射击的第一发炮弹往往起参考作用，然后通过快速精确的校射使紧接着打出的第二发炮弹能够直接击中目标。道理虽然简单，但想要达到这个目标却十分困难。

因为军舰的体积很大，产生的雷达反射波很强；炮弹的体积却很小，产生的雷达反射波很弱。为了防止雷达对军舰的探测信号饱和，往往会将信号的强度弱化一下。但经过这样的处理后，炮弹所产生的雷达反射波就被处理没了。所以海防雷达根本探测不到距离军舰较近的炮弹，更遑论精确校射。

直接测量的办法行不通，王越便调转方向想通过间接测量的方式来解决精确校射的问题，比如在船和炮弹之间找出一个适当的目标来进行校射。站在波涛汹涌的海边，看着卷起的波浪不断地思索，一个念头突然出现在王越的脑海中——选水浪作为信号进行校射！

经过和军队有关部门的多次讨论并结合多次实验的结果，王越决定利用"短延期引信"技术来解决精确校射的问题。所谓短延期引信技术，就是指将炮弹打入碉堡、桥梁等工事内再发生爆炸，这样可以有效破坏敌人的重要工事目标，并且消灭敌人的有生力量。使用"短延期引信"的炮弹可以进入敌舰体内再爆炸，比使用"着发瞬间引信"（炮弹碰到船体装甲即发生爆炸）的传统炮弹对目标的破坏效果更为显著。而且当使用"短延期引信"的炮弹没有命中目标落入海中时，会沉到一定深度才发生爆炸并在水面上激起来一个能持续十几秒的高高水柱，强水柱的反射面积较大，雷达可以测到水柱，并以水柱为校射点，测算出偏离目标的距离，精准校射后可以控制火炮对目标进行精确打击。

海防雷达的技术难点得到解决之后，王越又根据部队需要的特殊要求对海防雷达进行设计。只用了半年左右时间，便改制出可以量产的海防雷达样机！

861系统的海防雷达在前线一直服役了十多年，为我国海防稳定做出了卓越的贡献。在861系统的研制中，王越的研究方向完成了由"分机技术研究（显示系统）"向"总体研究"的转化过程，并逐步掌握了雷达改制的核心技术和工作程序。

中国第一台全天候歼击机机载雷达——201系统

201系统是中国第一台全天候歼击机机载雷达,也是王越工作后独立承担的第二个总体项目。

20世纪50年代末期,台海局势日益紧张。由于大陆方面的飞机上没有装载雷达,无法生产可夜间作战的全天候歼击机,所以中央决定从苏联引进机载雷达爱尔波-5和爱尔波-2乌控制空对空导弹,我国的国家编号为201系统。201系统是我国的第一代歼击机火控雷达,可以全天候用在歼-5和歼-6的飞机上,使我国歼击机在夜间也能执行作战任务。

本来201系统的试制工作由780厂承担,但由于780厂的建设推迟,上级部门便将试制201系统的任务调配给了王越所在的786厂。于是1958年下半年,786厂正式接到试制201系统(也称"三号产品")的任务。当时所有可供参考的材料就是一部苏联的样机,没有任何相关资料。于是786厂党委决定由设计人员带着样机进入生产车间,和车间的工作人员一起对样机进行测量并绘制样机的测绘图纸。201系统的研制工作从1961年开始,遗憾的是,在1962年年底,第一轮的试制工作以失败而告终。恰逢第一轮的主要负责设计人员由于人事调动去了别的单位,201系统的研制工作差点陷入停滞。当时的一批骨干都不愿意承接这个产品的研制工作,因为201系统的研制工作完成后,还得交回780厂由该厂组织生产,这项工作在786厂不属于常规可持续性的工作。

所以786厂领导便将这份"不具备持续发展性"的工作硬压到王越的肩上。当时王越完全可以找个理由推掉,但是他静下来想了想,最终还是觉得

为了没有盲区的天空
——火控雷达专家王越的故事

在国家需要面前不能太计较个人得失，于是他就接受了这个任务。

王越承担下201系统的研制工作之后做的第一件事就是分析1962年设计失败的原因。经过仔细排查和分析，他认为1962年研制失败的主要原因在于"没有考虑到我国的实际条件，完全按照苏联的设计照抄照搬"。因为这个产品是苏联在1953年前后研发的，在50年代末转让给中国时只提供了一部分生产加工的资料，远不够完备。而且与50年代相比，一些电子技术和元器件的制造情况在60年代时已经发生了巨大变化。苏联方面也没有提供当时元器件设计的细节，786厂又没有这些元器件。再加上研制的任务比较紧急，这些都是导致第一轮研制失败的重要因素。

经过仔细分析和慎重考虑，王越认为要想成功研制201系统就必须重新审查样机在电器方面的设计，对设计不合理的地方进行更改，然后才有可能研制成功。虽然找到了解决问题的症结，但是面对如此复杂的201系统的研制工作，要想获得成功，谈何容易。

首先，201空载雷达要求能够适应非常苛刻的工作条件，必须达到能够在 $-40℃\sim 80℃$ 之间正常工作的水平。因为歼击机的飞行高度达到10km时所处的环境温度就是 $-40℃$ 左右。在对样机进行实验的时候，样机必须要能经受 $-60℃\sim 80℃$ 之间的温度变化，所以机载雷达在材料、元器件、设计各个方面的要求都比地面雷达的要求高很多。

其次，因为歼击机的体积和重量都比较小，所以201空载雷达必须达到设计精密、结构紧凑的目标。既要满足精确跟踪，又要满足飞机装配的苛刻条件，体积和重量都不能太大。在机械加工和装配的时候不仅对精度的要求很高，而且有时还需要用到许多特殊的工艺才能完成，对大部分的零部件都有重量限制，有的零件重量甚至要精确到克才行。

而且在研制201系统的时期，苏联与我国的关系已经到很紧张的程度。所以201系统虽然总体上是按照苏联的型号进行仿制的，但在缺乏设计资料也没有专家指导的情况下，仅按照苏联的图纸进行仿制是无法取得成功的，只能在苏联的型号基础上重新设计。

除此之外，王越在重新设计的过程中发现苏联提供的图纸也存在一些错误。一部雷达一般都有上万张图纸，每一个小部件都有相对应的图纸，哪怕一点小纰漏都会发生问题。而苏联提供的图纸问题很多，几乎每个部分都可能有问题，所以需要先把图纸搞明白，从设计原理研究透彻，然后才能解决问题。而且对图纸的修改不能贸然进行，因为在工厂进行生产和在学校里做科学研究的工作方式完全不同，必须按照工厂的规范来做。工厂里的图纸不能随便更改，修改图纸需要发"更改命令"。发"更改命令"要在总设计师签名确认后，经过总工程师签名批准，存档后方可更改。每一步的修改都有底可查，责任分明。

由于国家在当时对 201 系统的需求过于急迫，并对这套系统下达了批量生产的要求，所以在排查出图纸的问题之前生产线上依然在持续生产上一轮设计所设计出来的零部件。王越发现这些问题以后心急如焚，心想无论如何不能再经历第二轮失败了，哪怕破釜沉舟，也要把 201 系统干出来不可！

于是王越就比较大胆地跟副总工程师张锡熊报告，要求将前一轮设计的产品在生产线上全部停下来。他当时没有权力叫停，只能建议将工厂的生产停下来。所以当停工的建议上报到总工程师那里时，全厂哗然。王越顶住来自周围的极大压力，终于使那些还在生产线上的零部件停止了生产。

停产之后，王越立即带领设计人员加班加点地对原有设计图纸进行逐项排查，并在排查完原图纸上的设计纰漏之后，立即修改设计方案并对电路的设计进行调整。王越要求在车间也配备一套实验设备，调试的时候设计人员直接下到车间，几乎通宵达旦地干。

1963 年时，粮食供应还是相对比较紧张。为了确保 201 系统的顺利研制，厂里决定在深夜免粮票专供半夜还在加班的设计人员一些白面馒头和红烧肉。于是在 201 系统研制成功后就有人讽刺王越和他的团队，开玩笑说他们完成任务是因为红烧肉吃得多，说他们是"红烧肉队伍"。

为了找到原有设计的问题，王越就先拿老样机做试验，在实验的基础上对原来的设计进行修改。一部雷达有很多精细的设计，譬如说电路高低温的温度补偿需要在元器件上体现出来。尤其在核心部分，有的元器件是正温度系数，有的元器件是负温度系数，在设计时必须选择好补偿。假如这些地方出一点小纰漏，生产出来的产品也许在常温下能正常工作，但一经过环境试验或其他要求较高的测试，就会问题百出，根本达不到要求。

为了检测在常温下不容易显现出来的问题，就必须要在 -60℃ 的环境里对样机进行试验。王越向厂里提出需求，专门买了一个大冰箱，可以同时容纳工作人员和实验机器。在 -40℃ ~ -60℃ 的低温下，设计人员要穿着皮衣服才能进去进行实验。把实验机器放在冰箱里，技术人员带着测试线路在冰箱里检测各个关键点，显示测试结果的仪表在冰箱外，由专人观测并记录检测结果。王越带领技术团队轮流进入冰箱对实验样机进行一项一项的检查。

原来设计的错漏与不合理之处，就是用这种方法排查出来并正确修改的。

正是由于王越和他所带领的设计人员队伍不怕困难、通宵达旦地艰苦钻研，最终使201系统电子管上的元器件全部实现国产化，除此之外还完成了许多精密的设计。那段时间王越在车间里每天工作十四五个小时，基本上是夜里两三点钟回家，早晨8点半又去上班了。据王越讲述：

从9月开始，几乎三个月时间没和我爱人说上话。我回家的时候，一般是半夜两三点，爱人已经睡着了，早晨我起床时，她已经上班了。那时我们是分三班吃饭，同一个白班分班吃饭，她是第一班，七点半就去食堂买饭，我是设计所，是第三班。从9月到12月，我们基本上就没有机会说话，家里的事都落到我爱人的身上，她从来没有怨言，一直都很支持我的工作。

1963年的最后一天，我记得很清楚，我们从9月开始做实验，一直到12月31日晚上11点，就是一道道做，最后把雷达整机架在实验台上做模拟飞机振动试验。当时没有这么大的实验台，只能用分布式工作，我用四个实验台分载雷达整机震动，震动两个小时。这个耐震性是很厉害的，如果焊接等装配不好，元器件就可能掉一地。

我们厂长是个长征的老干部，他叫李传常，长征时只有十几岁。他对这件事也很关心，经常到车间看看。我记得1963年的12月31日，我们正在实验室里做试验，李厂长来了就说："王越啊，我们厂今年的其他任务都完成了，现在就看你这个201任务能不能完成！你完成了，我们全厂的任务就完成了。"到1963年12月31日（晚上）12点，我们完成了最后的整机试验。所以说，那一年全厂都完成了任务。

201系统设计出来之后，在1964年生产了三套样机。由军队进行总体验收，验收完毕之后，留一套样机在厂里做全程实验，另外两套用于外场实验。王越于当年4月到装备歼-6飞机的空一师参加外场试验，一直到7月底才结束。之前歼击机上用的是从苏联进口的雷达，后来中苏关系紧张，歼击机机载雷达的供应就停止了。王越带领研究队伍把201系统试验样机装到歼-6飞机上，然后进行实际试验。786厂的领导一直很关心201系统的试验进展，7月底的时候，副总工程师张锡熊给王越打电话，询问试验进程。据王越回忆：

我记得很清楚，正好那天我刚做完试验，我们的副总工程师张锡熊打来电话说："王越，好久没得到你的消息，你到底怎么样，需要不需要我们支援？"我说："张总，我今天通过了！"他说："那太好了！"我们到现场的只有五六个人，有工人，有检验科的人，还有调试人员，组织成一支精干队伍，很多问题在现场全都要解决。那时我只是个工程师，还不是领导干部，但是我带的这支队伍很团结，大家齐心协力地把事情做好。

201系统于1964年顺利通过外场试验，开始大批量装备部队。786厂生产了40套雷达后，把产品移交到780厂。为了提供最好的技术支持和帮助，王越亲自带领技术人员去780厂交流，为780厂的工作人员解答在生产上遇到的技术问题。

201系统的成功研制，使王越获得了参加全国青年联合会（简称青联，下同）会议的机会，并得到了毛泽东主席、周恩来总理等国家领导人的接见。这在当时是极高的荣誉，王越回忆说：

1964年我已经超过30岁了，团籍已经没有了。那时候对青年团团员最高年龄的限定是到30岁，我就转到全国青联。那时青联和学联一起开会，毛主席接见了我们。我当时被选为全国青联代表，到北京参加全国青联和学联第四届二次会议，我住在北京前门饭店。有一天，胡耀邦来了说："报告你们一个好消息，后天毛主席接见。"很多同志激动得一夜都没睡好觉，我也很激动。那个年代，大家对毛主席很崇敬啊！毛主席、周总理接见我们之后，跟我们合影留念。那张照片现在我还珍贵地保存着。不过，"文化大革命"中我迫于压力把刘少奇、邓小平都打个叉，后来又把叉涂掉。"文化大革命"的时候，邓小平是第二号走资派，我和他一起合过影，所以我也是有点儿成为众矢之的，那时说我是典型的白专道路，资产阶级的技术专家。

201系统之所以能成功研制出来，究其主要原因有三个：

第一，因为国家安全和国防建设非常急迫的需求，正是这种急迫的需求对科研工作者产生了巨大的压力和动力。

第二，要想做好雷达的总体设计就必须对雷达及相关科学领域的知识与要点有比较好的掌握；王越对无线电、雷达课程始终保持着浓厚的兴趣，而且这种兴趣是有深厚基础的、持久的。王越在学习的时候喜欢刨根问底，对与雷达相关的科学问题始终保持有强烈的好奇心和求知欲，对雷达的整体思考比较多，也比较全面。

第三，王越从研制岸炮校射雷达（861系统）开始，已经开始介入总体系统的设计工作，并在861系统中得到训练，逐步具备了总设计师的素质。而且当国家需要时，他很少考虑自己的得失，怀着破釜沉舟的决心，沉着勇敢地面对。

——火控雷达专家王越的故事

为了没有盲区的天空

正是因为王越具有不论在什么艰苦的条件下都能够对雷达研究保持强烈的求索精神，具有持之以恒的科学精神和面对国家需要不计个人得失的报国精神，在国防建设迫切的发展需求背景下，201系统最终才能够研制成功。对无线电的浓厚兴趣和持之以恒、一丝不苟的科学精神，使王越的技术水平逐渐提升，研究能力在设计队伍里逐渐崭露头角，并逐渐超越张锡熊等经验丰富的老专家。

1965年，单位根据王越优秀的表现，又重新批准他介入绝密级的研制队伍。1966年7月，786厂"四清"工作队工作组组长王德全亲自对王越进行了政治审查，认为王越同志政治历史清楚，无问题。1965—1966年，王越曾接任过第二代防空导弹的总设计师工作，但是时间很短。

后来，201系统的成功研制使王越获得了一个更重要的机会——被任命为303系统的总设计师，负责总体工作。

世界上第一部双波段工作的炮瞄雷达——302雷达

第二次世界大战后，以雷达制导的地空导弹武器系统发展迅速，对作战飞机执行任务造成严重威胁，迫使各军事大国纷纷开始研制反辐射导弹武器系统。反辐射导弹又称反雷达导弹，是一种专门用来攻击电磁辐射源的战术导弹。它以敌方雷达或雷达干扰源所发出的电磁波作为引导信号，将导弹导向敌方雷达或雷达干扰源并将其摧毁。在现代化战争中，反辐射导弹是电子战领域中不可缺少的硬杀伤武器。这种导弹除了能摧毁雷达阵列外，还能杀伤雷达的操作人员，迫使敌方长时间维修或重新装备设备及人员，使雷达在作战中不能及时有效地发挥作用，从而达到使防空武器和其他有关武器失效的目标。

北部湾事件后，美国加强了反雷达研究。在越南战争中，美国空军使用了AGM-45"百舌鸟"第一代反辐射导弹，用它摧毁防空阵地的高炮雷达和防空导弹制导雷达，取得了很好的效果。据美国的相关统计，在1965年使用反辐射导弹之前，越南方面平均发射10枚地空导弹就可击落一架美国战机，而在使用反辐射导弹之后，到1966年年底时，越南方面平均需要发射70枚导弹才能击落一架美国战机。

"百舌鸟"导弹是美国在20世纪50年代基于"麻雀-Ⅲ"空对空导弹的基础开发研制的反辐射导弹，也是世界上最早的反辐射导弹。这种导弹主要用于攻击敌方的地对空导弹制导雷达和高炮的炮瞄雷达，也可以攻击警戒雷达等敌方设施。1964年投入生产，1965年即用于越南战场，并取得一定战果。

在越南战场上，美国用"百舌鸟"导弹攻击我方的301雷达，战士们的安全也受到极大威胁。虽然我方战士们也采用一些电子对抗的办法来应对"百舌鸟"导弹的攻击，但还是在设备与人员方面遭受了一定的损失。遭受损失的主要原因有三个：一是因为301雷达体制的有些参数是暴露的，导致301雷达的工作频率S波段暴露已久，敌方已针对该工作频率装备了杂波干扰机，急需在技术上对301雷达进行改进；二是301雷达属于圆锥扫描雷达，需要接收一系列的回波脉冲才能实现自动跟踪，受回波信号幅度起伏影响较大，限制了跟踪精度；三是因为敌方能很快判断圆锥扫描的频率和特征，并利用暴露的圆锥频率形成回答式角度欺骗、干扰、破坏我方雷达对目标进行跟踪的效果，导致我方雷达一开机，敌方就会迅速集结队伍打击我方的雷达，因此改进301雷达的任务迫在眉睫。

于是由王其扬副所长召集设计所的技术骨干对301雷达的改进方法进行讨论。经过讨论大家集中认为要采用电子对抗技术提高301系统的性能。据王越回忆，原始的改进思想是由786厂设计所副所长王其扬提出的。王其扬提出在301型雷达原有的S波段（即10cm波段）之外再增加一个新的波段X波段（即3cm波段）。因为当时美军的机载雷达的频率就是3cm波段，与美军机载雷达同频段可以有效地避开敌人的干扰和攻击。与此同时，使301雷达采用隐蔽圆锥扫描技术，不再进行圆锥扫描，使雷达在不暴露圆锥扫描频率的条件下，还能抗同期回答式角度的欺骗干扰，给敌方的判断增加困难。这样的改进方法在一定程度可以有效抵抗反辐射弹攻击。

在经历了301系统、201系统、861系统、Pn-2y空空导弹制导雷达的研制工作之后，王越在1960年时被提升为工程师。尤其是201系统的研制成功使他在786厂众多研究人员中脱颖而出，迅速成为设计所的骨干力量。所以在王其扬、王越、张锡熊和王传义等对301雷达的改进方案进行了多次讨论之后，由王越最终组织实施这个设想。王越不仅将改进的设想方案变成样机，还增加了一些新的部件。

改进后的雷达刚开始时沿用厂内的编号被称为"大860"，后来国家对其正式的编号为302系统。302系统是我国火控雷达领域从对抗斗争角度出发自行研制开发雷达开始的标志。

302雷达从20世纪60年代初期开始研制，在王越组织大家完成微波铁氧体器件、反射体爆破成形等关键工艺技术的专题攻关后，于1966年生产出第一台样机。在这期间，786厂设计所进行了体制调整，在1965年设立第一研究室，任命王越为研究室主任，主要负责炮瞄火控雷达研制。

1967年，786厂设计所的大部分人员被划归到中国人民解放军206所（简称206所），同时也把302雷达的设计任务带到206所，但该雷达的生产任务仍由786厂来承担。

1970年，为了解决302雷达系统还存在的不少技术问题，使其能够进行大批量的工业生产以满足我国援越抗美战场上部队作战的紧急需求。206所派出以李传泗为组长的19名人员组成的工作组，到786厂共同开展技术攻关。最终在1971年完成了全部生产任务，当年生产302雷达220部。在302雷达实现了连续几年稳定生产后的1974年，206所的技术人员才逐步从786厂撤回。

在援越抗美斗争中，我国火控雷达及光学仪器控制的高炮雷达一共击落美国战机逾千架。这在当时是了不起的成就，不仅加强了我军在战场上的优势，而且极大地保护了我军前线战士的生命安全，受到广大指战员的好评。

在206所所史中可以找到206所参与302设计的相关记载。参与研制的技术人员有白永贵、贺国楷、马静娴、秦泽荫，并且提到为了解决雷达的问题，白永贵曾专门赴越南战场。王越在302系统的后期研制中做了大量的工作。在302雷达系统的后期攻关中，王越是总体主持设计师，副主持设计师是负责电子的白永贵和负责结构的包万正，为了验证其效果，白永贵也随雷达样机亲赴越南前线参加过战斗。而在《当代中国的国防科技事业》一书中，仅提及由王传义等人成功研制302雷达系统。后来有科技史研究的学者向王越谈及此事，王越非常平静地解释道："1967年后，我的主要精力转到303雷达上。有一些项目，一开始立项没有把你放到总师的位置上，或不是专职总师，即使你后来加入，做了很多工作也不会有记载。很多的科学研究都是建立在前人工作的基础上，一个大项目的成功往往需要很多人铺垫"。

302雷达是世界上第一部共用一个天线进行精确跟踪的双工作波段炮瞄雷达，是面对国防需要努力工作的成果。通过对苏联COH-9A设计的改进，采用X·S双频段和隐蔽圆锥扫描体制，全部实现了国产化，有力地支援了我国援越抗美的战争。302雷达的研制成功，标志着中国在雷达研制方面开始脱离国外产品的图纸、工艺资料和样机，开始了我国自力更生、自行研制、自行开发新雷达的历史。整机所需原材料、元器件和部件全部立足于国内，定型后批量生产。除装备部队使用外还向国外出口。

在302雷达的研制过程中，王越从王其扬、张锡熊等前辈身上学习到了创新雷达设计的思维，并在研制302雷达的不断实践中积累了大量经验，总体设计工作开始走向成熟。

5 动乱岁月里的科研会战

- 新单位——中国人民解放军206研究所
- 新任务——晶体管与雷达
- 会战303系统
- 攀登无止境

新单位——中国人民解放军 206 研究所

在 1966 年前后，由于王越在雷达研制工作中的突出表现，党组织又开始讨论他的入党问题。然而，这时轰轰烈烈的"文化大革命"开始了，单位里贴出大字报，说王越有非常复杂的社会关系，并且攻击他是"白专典型、资产阶级专家"。在这种形势下，王越的入党问题被再次搁置。尽管王越在"文化大革命"期间也遭遇到这样那样的攻击，但在基于国家对军工科研的重视和保护下，他还是有相对稳定的研究条件和生活保障，能够继续从事军工科研工作。就在这一特殊的时期，他又和大批同事一起被调到了新成立的炮瞄雷达研究所，接受了新的研究任务。

1967 年 7 月 7 日，越南战场战斗激烈，毛泽东主席听取了中央军事会议关于"抗美援越"战争情况汇报后指示：要狠抓一下雷达、光学仪器、指挥仪，要能抗干扰，要提高质量、减轻重量、增加数量。毛主席的这一指示被称为"七七"指示。1967 年 9 月 16 日，国防科学技术委员会遵照毛主席的指示，作出了组建"炮瞄雷达研究所"的决定。

于是在 1967 年，原 786 厂设计所的人员一分为二，包括王越、周培德、白永贵等雷达专家在内 439 人被分到了炮瞄雷达研究所，另一部分人则去了上海机电二局。新成立的炮瞄雷达研究所在组建初期设立在位于陕西省西安市城南的西北电讯工程学院（今西安电子科技大学）内。

炮瞄雷达研究所在成立初期对每个调入的工作人员都进行了严格的政治审查，政审组告知王越没有通过政治审查。此时的王越正在北京参加 303 系统的研制，没有太多时间考虑这个问题，于是说："不要我，我就走吧。"但

206 所旧址（摘自 206 所史）

最终单位还是通知他说"虽然你政治不合格，但是人要留下来工作。"

在那个政治挂帅的年代，新成立的炮瞄雷达研究所政治审查十分严格，竟然敢将一个政治审查不合格的研究人员留在所里工作，足见王越在当时火控雷达的科研领域内已经具有相当高的科研水平，是领域内举足轻重的专家。

刚成立的炮瞄雷达研究所隶属于第四机械工业部第十研究院，自 1970 年 7 月 1 日起更名为中国人民解放军 206 研究所，隶属于总后勤部第二十研究院，简称 206 所，这个名称一直沿用到今天。

1971 年 10 月，206 所在国家军工战略调整中以紧急战备的姿态迁至陕西省内的偏僻山沟里。那里山深林密，地势险要，虽然能够满足战备与保密的需求，却给科研工作与人员生活带来极大的不便。后来在王越等人的不懈努力下，206 所终于在 1988 年 11 月迁址到西安市南郊长安县韦曲北塬（今长安区韦曲凤栖东路）。

新任务——晶体管与雷达

科学技术的飞跃发展往往与某一基础科学的突破性进展密切相关。电子学的突飞猛进是从晶体管发明以后开始的。尤其是"PN结型晶体管"的出现，开辟了电子器件的新纪元，引起了一场电子技术的革命。1956年，肖克莱、巴丁、布拉顿三人因发明晶体管同时荣获该年度的诺贝尔物理学奖。

晶体管是20世纪的一项重大发明，是微电子革命的先声。同电子管相比，晶体管具有诸多优越性：①晶体管的构件没有使用寿命限制。无论多么优良的电子管，都会因阴极高温发射材料老化和慢性漏气而逐渐劣化，而晶体管的寿命一般比电子管长100～1000倍。②晶体管能耗仅为电子管的十分之一或几十分之一。③晶体管不需预热。例如，晶体管收音机一开就响，晶体管电视机一开很快就出现画面。电子管设备开机后，需等一会儿才听得到声音，看得到画面。在军事、测量、记录等方面，晶体管的优势是显而易见的。④晶体管结实可靠，比电子管可靠100倍，耐冲击、耐振动都是电子管所无法比拟的。

不仅如此，晶体管的体积只有电子管的十分之一到百分之一，可用于设计小型、复杂、可靠的电路。虽然晶体管的制造工艺精密，但工序简便，更有利于提高元器件的安装密度。正因为晶体管的性能如此优越，晶体管诞生之后，便被广泛应用于工农业生产、国防建设以及人们的日常生活中。

第一个采用晶体管的商业化设备于1953年投入市场，即助听器。1954年10月18日，第一台晶体管收音机Regency TR1一投入市场，就受到市场的广泛欢迎，人们竞相购买这种收音机。而且因为硅晶体管适合高温工作，所以迅速成为电子工业领域最受欢迎的产品之一。

中国的半导体研究起始于1956年，在由周恩来总理主持制定的

《1956—1967年国家十二年科学技术发展远景规划》中，提出了四项紧急措施，其中之一即是在我国立即开始最先进的半导体科学技术的研究；同时，调集科研力量，健全科研发展机构。对于中国的科学家而言，这是一个未进行过的研究课题，一切都得以自力更生为主进行发展。

北京大学接受了联合复旦大学、东北人民大学、厦门大学和南京大学共同培养半导体专业人才的任务。中科院应用物理研究所的任务则是组织全国有关科研院所及大专院校的科技人员（以中科院应用物理所和二机部第十三研究所为主体），集中到北京东黄城根应用物理研究所，进行半导体设备、半导体材料、半导体器件和半导体测试的科研攻关。

1956年11月，在北京东黄城根中国科学院应用物理研究所小楼二层的半导体器件实验室里，中国的第一只晶体三极管诞生了。《人民日报》随后在第一版刊登了这则消息，极大地振奋了人心，吹响了中国向科学进军的号角。自此，中国和发达国家一样，进入了半导体的新纪元。

20世纪50年代后期，中国也出现了很多的晶体管生产厂，当时的晶体管大部分是锗晶体管，主要用于收音机等家电，较少应用在雷达上。自1960年始，辽宁省公安厅的辽河实验工厂发挥了技术人员的积极作用，经过刻苦试验，很快攻克密封管口、填充料等工艺难关，迅速缩短了与国际水平的差距，能够稳定地批量生产高频和低频系列的锗晶体三极管。不仅满足了本部门的需要，还可以批量供给国防科委第五研究院（后来的航天部第五研究院）、哈尔滨军事工程学院、总参三部和科学院计算机所等单位，制造出了我国第二代半导体计算机和雷达控制系统。

王越曾回忆，中国在20世纪50年代对半导体的研究比较重视，行动也比较快。但是后来受苏联专家对半导体发展前景的错误判断的影响，加之那时中国的基础科研也比较薄弱，慢慢就与世界先进水平有了较大的距离。

虽然在20世纪70年代初，中国的晶体管技术与苏联、美国的差距不是很大，但后来，美国在微电子集成和高频电子管等相关技术领域从机理到材料上都有所突破，中美之间的距离就拉大了。及至目前，在微波和毫米波的高频段高功率器件（含电真空器件）性能水平上，中国与美国等国家的技术差距仍然比较明显。

王越认为，电子学是一个系统工程，必须从基础、物理、材料、加工技术上齐下工夫，才会有重大突破。基础研究，从短时间来看可能暂时没什么效益，但是一旦有突破性发现，外加需求的推动，后期效益是非常强的。正如 20 世纪二三十年代半导体材料的发现，使电子学发生了革命性巨变一样。

但随着电子技术应用的不断推广和电子产品的设计日趋复杂，电子设备上用的电子器件越来越多，设备可靠性的问题也越来越多地暴露出来。比如第二次世界大战末出现的 B-29 轰炸机上只有 1000 个电子管和 1 万多个无线电元件，而 1960 年上市的通用型号计算机却有 10 万个二极管和 2.5 万个晶体管。一个晶体管有三个焊接点，这就意味着稍微复杂一点的设备就可能含有数百万个焊接点，在产品的最初设计上稍有不慎，就可能出现故障。所以电子设备的可靠性问题也日渐凸显出来。人们迫切需要在电子技术领域出现一次新的突破，在保障设备可靠性的同时还能缩小其重量和体积。

1957 年，苏联成功地发射了第一颗人造卫星。这一震惊世界的消息给了美国极大震动，在冷战格局下对美国人来说这意味着一种失衡。发达的空间技术是建立在先进的电子技术基础上的，为夺得空间科技的领先地位，美国政府于 1958 年成立了国家航空和宇航局，负责军事和宇航研究，为实现电子设备的小型化和轻量化投入了天文数字的经费。

就是在这种激烈的军备竞赛的刺激下，在已有的晶体管技术的基础上，集成电路诞生了。它是以半导体生长和光刻技术为基础，在一块几平方毫米的极其微小的半导体晶片上，将成千上万的晶体管、电阻、电容，包括连接线都做在一起，是材料、元件、晶体管三位一体的有机结合，真正是"立锥之地布千军"。它使得所有电子设备可以大幅度提升功能，同时也提升可靠性、压小体积和功耗，这样的电子设备是社会发展、国防建设、人民生活提高等的重要新生动力。

到 20 世纪 60 年代中期以后，国际上已将电子计算机、微处理器晶体管化并开始将小规模数字集成电路等应用到雷达上，使雷达性能大大提高，同时减小体积和重量，提高可靠性。

中国的集成电路诞生于 1965 年，比美国晚七年，与日本基本处于同一起跑线上。虽然中国在此领域的研究反应及时，开端良好，但都属于小规模的集成电路。20 世纪 60 年代初，国内半导体器件的研究主要以锗器件为主。但当时代表集成电路发展方向的技术是以硅平面工艺为基础的单片集成电路，这成为中国主要研制单位的主攻方向。

60 年代中期，我国硅平面晶体管工艺逐渐趋于成熟。硅平面晶体管先后在中国科学院半导体所等十院所研制成功。硅平面晶体管制造工艺的突破，为发展硅集成电路打下了基础。同时，晶体管和集成电路技术的诞生和发展也为日后晶体管雷达的诞生创造了基础条件。

20世纪60年代末期,王其扬、王越等人创造性地研制出302雷达,极大提高了雷达的电子对抗性能,可以有效抵御"百舌鸟"导弹。解决了电子对抗问题后,雷达的重量问题又成了突出矛盾。当时在越南前线,中国雷达的主要部件还是电子管,一部302雷达大约重七八吨,对行军和挖工事都非常不利,而且电子管的固有缺陷非常明显,比如笨重、耗电大、需预热、工作供电复杂、易老化、不能集成化、在较恶劣条件下性能极不稳定等,而且电子管使用寿命短,一般连续工作不超过500小时。这些缺陷都使应用了电子管的移动式军用器械和设备重量大且机动性很笨拙,很容易出故障。

越南属热带季风气候,气温高、湿度大、风雨多,战场经常处于泥泞之中。所以302雷达时常陷于淤泥之中,车拉不动,就得靠人力推拉,行动缓慢。战场修工事也全靠战士们用手作业,非常艰苦。于是减轻302雷达的重量便成为了一项日趋紧迫的任务。

新式雷达设计必须考虑作战环境,除了提升雷达的对抗性能外,还需要把重量减下来。依靠什么技术在实现"雷达的低空快速跟踪"的同时还能够"减轻雷达重量增强机动性能"呢?王越想到了晶体管。

大学时期,王越从毕德显先生开设的半导体物理学课上,对晶体管就有了一个比较全面的了解,可惜那时中国的晶体管还没有研制成功,只能听毕先生描述晶体管的原理和结构。20世纪60年代,一些晶体管的电子设备相继出现,王越从一些国外的资料和产品上判断,一些先进的雷达都在搞固态化,并且国内研制的晶体管已经达到实用化要求,于是他就提出通过雷达固态化(晶体管化)来减轻雷达的重量,也就是说,把大量的电子管换成晶体管,以减轻雷达的重量。

由于时间紧迫,而且302雷达刚在我方部队装备使用,敌方要生产并在实战中应用能够对我方302雷达所使用的X波段产生干扰的装备需要一定的时间,于是王越提出新式雷达体制不作改变,依然采用302雷达系统的双波段和假单脉冲跟踪体制,改进重点是大幅度减轻重量和大幅度提高对低空快速目标的跟踪速度和精度,以此满足在越南前线部队的作战急需。他的研制设想得到了上级领导的认可。在上级领导的大力支持下,技术人员进行了方案摸底试验。1966年11月组成三结合① 小组，讨论并确定了炮瞄雷达的总体方案。

---

① "三结合"，在1967年1月23日以前，造反派夺权后成立的领导机构，主要是由群众组织代表和少量的革命干部代表两部分人组成。此后，中共中央、国务院、中央军委、中央"文革"发出《关于人民解放军坚决支持左派群众的决定》，要求中国人民解放军"积极支持广大革命'左'派群众的夺权斗争"。解放军到地方支"左"，成为"革命委员会"内部"三结合"的构成之一。1967年11月27日，中共中央在《关于对征询召开"九大"的意见的通报》中要求，九大代表要体现三个"三结合"，即：军队、革命干部、革命群众组织代表三结合；工、农、兵三结合；老、中、少三结合。

会战 303 系统

1966年，786厂的技术人员及驻厂军代表组成调查组，针对大860型雷达在部队的使用情况以及对越南战场的情况进行调查。已经是室主任的王越是调查组成员之一，他认为有必要也有可能在大860雷达的基础上，重新设计一种在低空快速跟踪能力和机动性方面更为优越的雷达，以满足作战部队的需要。

1967年，通信部55所下达了"炮瞄雷达——六型战术要求"。

1968年，国防工办和国防科工委正式向206所下达新型雷达科研任务，国家编号为"303系统"，206所内部编号为"小860型"雷达。由于王越在861系统研制中的突出表现和201系统的成功研制，同时也因为王越对新式雷达的一些创造性思维，使王越获得了一个更重要的机会，就是被任命为303系统的总设计师，负责整个系统的设计和研制。另外还有两个副总设计师，一个是负责电子电路系统的白永贵，另一个是负责雷达整体结构的包万正。

小860型雷达原计划由206所与786厂设计所联合协作研制，结果因为"文化大革命"，786厂未能参加，改为206所与北京方面合作会战。1968年4月王越到达北京。5月，206所设计人员到北京组织"三结合"，与北京仪表局、交通局、汽修四厂和北京邮电学院有关人员组成会战组，研制小860型雷达。此时"文化大革命"已搞得非常激烈，开始波及这些科技人员并造成了一些很严重的后果，于是北京的单位便把王越和他的团队保护了起来，使他们能专心研究小860型雷达。

由于进行303系统科技攻关的研究团队是临时组建起来的，所以试验和生活条件极为艰苦。作为总设计师，王越需要协调解决研制过程中的所有问题，首先要解决的是着手搭建试验平台。当初仪表局有一些普通的仪器设备，王越就先利用那些设备建立研究的基本条件，同时申请从西安打包搬运一些进行雷达实验的特殊设备。火控雷达包括发射系统、接收系统、天线系统等，王越就将各系统的设计和生产分别分配给仪表局下设的四个厂，根据专业进行分工，无线电厂搞总体接收，开关厂搞发射，低压电器厂搞微波等。

作为技术负责人，王越必须全面考虑整个系统的每一个部分。虽然各个部分有不同分工，但是每个部分功能的提升和问题的解决，都得由王越全面考虑并及时解决，否则就会影响整个研制的进程。白天，王越听取各分系统主管的汇报，到设计和研究现场查看工作进度，然后组织技术人员讨论技术方案；夜深人静的时候，他还要思考各分系统遇到的各种各样的问题，并试图找到问题的根源和解决方案。可以说，在整个研制队伍中，王越的任务是最艰巨的。

王越刚到北京时，住在北京无线电厂，厂里条件比较艰苦，没有床，大家就在房间的地板上铺上稻草，被子铺开后就当床。吃饭的时候，自己拿饭盒到食堂买。后来为了工作需要，上级安排王越到北京仪表局办公。办公大楼里有办公地点，晚上王越回到仪表局办公室打地铺，他每天晚上一般两三点钟才睡觉，第二天早晨六点多钟又开始工作，睡眠严重不足。但那个时期大家都在忘我地拼命工作，干劲十足。根据规定，206所的研制人员大约半年可回一次家。1969年的春节，王越没有回西安206所，大年夜他一个人在仪表局空荡荡的大楼里睡了一天半，饭都没起来吃。

据303系统的副总设计师包万正回忆：雷达各部分原创的东西都在王越的大脑里了，作为总设计师，他运筹帷幄，统率整个研究团队。他将具体的研究任务分配给各个部分去实施，各部分有各部分的骨干，遇到问题，各部分会向他汇报，他就帮他们分析问题的原因，提出解决的方案。晚上仪表局大楼只有王越房间的灯还亮着，他每天都干到夜里两三点，一直坚持了两三年。

将新雷达的重量从7吨降至4.5吨并不是一件简单的事情。王越首先想到的是改变基本架构材料，将密度比较大的钢换成铝合金，但并不是任何材料都可以随便换掉，当时的基础研究、新材料开发、加工工艺水平较低等都是制约因素。

之前雷达的天线和天线座都是钢结构，馈线、波导都是铜质的，加上下面钢质的发射机架,重量加起来达 2 吨。此外因各分机较重,造成装载分机的机架也必须由钢材制成,重量达几百千克。假如用铝合金作为天线座材料,虽可大大减轻它的重量,但内部传动齿轮不能用铝的,因为会影响天线跟踪精度。天线的跟踪精度是雷达设计中一个重要指标,不能随意降低。同时装载雷达的车厢也都是钢材料,拖车底盘要支撑较重载荷也必须用铸钢件,最终拖车(含车厢)重量达 4 吨。要将重量减下来,车厢里的东西也要减轻。对于雷达来说,其各部分是相互关联、相辅相成的,一些固有的设计惯例很难改变,因此既要保证精度又要减轻重量,必须采用一些新技术。

经过调研,王越计划将雷达上应用的大量电子管换成晶体管,不仅晶体管比电子管轻,而且采用晶体管后雷达的工作电压和功耗大大降低,于是减轻了电源和电子组合的重量。这样雷达框架材料就可改为铝合金,同时天线座也可以改用铝合金。雷达机身轻了则承载雷达的拖车车厢及底盘也可以大幅度减轻重量。最终实现天线和天线座重量由 2 吨减至 1 吨,整体减轻 40%～45% 重量的目标。

在国内当时全部固态化的雷达设计没人做过,国外的火控雷达技术也是起步不久而且封锁得很严,基本没有现成的技术可以参考。火控雷达是用来控制武器的,一开机要能马上精确地指挥火炮和导弹射击,是地空的"白刃格斗",所以对于雷达研制中的每一个问题,王越都非常重视。王越是研究团队的组织者,是"领头羊",他要组织大家通力合作,集中智慧和力量全力以赴解决一个个问题。

整个雷达,除了微波磁控管以外,其余全部实现固态化,包括 3.3 万伏的高压。人们在日常生活中使用的电源一般是 220 伏、380 伏,而雷达上的高压是 3 万多伏,稍有不慎就会有生命危险。高压电源技术的解决是非常困难的,因为涉及材料和基础元件方面的问题很多,要从元件、高压材料、整流上下功夫。3.3 万伏的高压,以前采用的是真空的高压管,在新设计的雷达上改成固态,风险很大。在解决高压电源的过程中,有一个技术员中午睡了一小会儿,夏天太热,汗湿透了身上的衣服,他起来做试验时碰到了电源,不幸触电牺牲。

据王越讲述,提高雷达快速跟踪能力,除了加入计算反馈外,还可以改进电路设计或采用可控硅控制器来代替电机放大器,这样可以减轻 100kg 重量。但在 303 系统的可控硅技术上,他们遇到了很大的困难。可控硅是"可

动乱岁月里的科研会战

为了没有盲区的天空
——火控雷达专家王越的故事

控硅整流元件"的简称，是一种大功率半导体控制通电器件。过去通过两个电机放大器来控制高电流，一个电机放大器几十千克，而且反应时间不够快。于是王越就考虑用可控硅来取代电机放大器。世界上第一个可控硅整流元件问世于1957年，由美国通用公司发明。中国的可控硅整流元件问世于1962年，但到20世纪60年代末期，中国制造可控硅整流元件的技术还处于研究阶段，由于当时国内的加工设备、原材料和工艺方面跟国外有差距，国产的可控硅性能还不够稳定，质量也达不到303系统的要求。于是王越亲自向国内的多个专家请教可控硅损坏机理、科学选用及应用，外加在伺服系统中，控制电路采取措施，终于实现用国产可控硅伺服系统固态化。

1968年末，经过半年多的艰苦奋斗，王越带领303系统研究团队完成了小860型雷达的第一台样机的总装。1969年4月，王越带领队伍到试验场测试，可惜首次打靶实验失败了。失败并不可怕，可怕的是找不出原因和解决的途径。实验失败之后王越立刻着手查找原因，经过系统的检查和分析，发现第一台样机的设计主要存在三方面的问题：第一方面是探测距离不够；第二方面是高速跟踪的性能不够，达不到当时提出的跟踪速度；第三个方面是装载雷达的拖车要轻量化。

王越回忆说："失败后我们就马上着手查找原因，发现设计中间和设计模型都有些问题。设计模型当然我得负责。其他设计问题，就是跟踪和控制部分，这部分由朱志腾负责，现在他已去世。电子部分团队有分系统的负责主管设计师，同时，有对等人数的负责结构的主管，外加担任具体设计的设计师，组成几十人的设计队伍。开始时主要工作由所里技术人员担任，带教北京厂内的技术人员，逐步转移任务，这个团队合作得很好。模型是我的责任，我要改模型，设计上他们也要改进。最后方案应该是没问题了，1969年又设计了第二台样机。样机做出来后，我们到飞机场去做试验，但是还不过关。我记得很清楚，全体设计队伍，几十号人，工人，还有仪表局的领导都来了，我压力很大，憋了一个多月，左找右找找不出毛病。有一天晚上11点半到12点的时候，我感觉很疲倦，靠在椅子上似睡非睡的时候，突然一下子有一个直觉、一个顿悟，这问题应该是打火管有故障，然后马上就清醒了。我马上带上几个研究人员到了试验现场，到现场一测，果然是一个打火管有故障。找到问题之后很高兴，一天内就把有故障的打火管换掉，问题解决了。实验时，飞机过顶的时候，我们拍了很多照片。飞机过顶时已经很大了，但是天线高速地运动跟踪着它。通常飞机低空进入是很难发现的，过高也难对付，过低也难对付。低空高速掠过，雷达往往来不及反应，但是我们的小 860 型雷达低空跟踪性能还是达到了当时的预期目标，大家都很高兴。"

经过改进的第二台样机虽有很大进步，但是还存在着距离丢失目标、接收机饱和、跟踪无力等问题，在反复试验的基础上，王越和他的团队又于 1970 年 5 月完成第三台样机的试制，进行了设计定型和配合 57mm 高炮系统补充射击试验。后来在 1972 年 7 月又生产了一部设计定型样机，并且进行了设计定型补充试验。试验结果表明，设计定型样机符合战术技术指标和部队使用要求，主要性能稳定，达到产品设计定型要求。

303 系统除了微波磁控管没有固态化以外，其他部分全部实现固态化，雷达的总重量降到了 4.5 吨。另外，王越在 303 系统上还加了计算反馈技术，充分保证了雷达跟踪的稳定性和跟踪精度。计算反馈控制其实是提取过去运动中重要的不变量以正反馈形式输入控制电路达到增强现时高速角度跟踪速度。而"提取"不变量过程是需要坐标变换计算滤波的，故简称计算反馈技术。这项技术可以保证雷达高速跟踪的稳定性和跟踪精度，解决了低空敌方的突然攻击问题。

在陆用火控雷达中，303 系统是中国第一个实现固态化的雷达，且总重量比原来的电子管雷达减轻了一半左右，它的设计已经基本接近当时世界火控雷达的前沿水平。

扎实的理论基础、认真钻研的态度、创新的思维模式、良好的合作精神，是一个总设计师成功的必备要素。当设计出现问题时，总设计师应该清楚问题的所在，或者同大家一起钻研问题发生的原因，然后给出解决问题的思路。包万正所长是这样评价王越的：王越基础比较扎实，虽然是总设计师，但是对每一个具体的模块，他都认真地去钻研技术，都搞得比较清楚，所以，哪一块儿出了问题，他就能解决这些关键技术问题。

作为一名系统总师，王越在技术上能深入把握每一部分的核心的技术、核心的问题，当研制过程遇到问题的时候，他和一线的设计师共同讨论，跟大家一起讨论如何解决问题。对各部分的要点问题，王越心中有一个清晰的列表，他经常到设计现场查看，关注每一部分的进展和进度，因此在技术上王越可以做到运筹帷幄，统领全局。另外，王越具有良好的合作精神，他认为"一个大系统的实现，要靠团队的通力合作，作为系统的总负责人或技术负责人，该否定自己的时候要敢于否定，不能对的都是自己的，错的都是别人的"。王越给学生讲课时候经常说："一个总师要时刻拥有跟别人合作的理念,大家是一个合作的群体,为了一个工作目标,以诚相待。我当总师并不只是浮在上头,很愿意跟一线的技术人员讨论一些技术问题。在跟他们讨论过程中,我就会产生一些新的想法,然后把这些新的想法和建议提供给他们作参考,请他们经过消化和改进,然后就落实到系统中去。在大系统的研制中,相互讨论是很有好处的;同时,如果研制中出现问题,总设计师要首先承担责任,不能责怪下属。这样做也是很有必要的,不仅有利于团结和问题的解决,也可以迅速提升每个科研人员的能力。"

在王越申请研究员的材料中是这样评价303系统的:"303雷达是我国第一台晶体管化炮瞄雷达,该雷达的试制成功除了技术上的收获外,还培养了一批技术人员,我和同志们一起得到了锻炼。"

攀登无止境

尽管获得了巨大成功，但是王越感觉303系统仍有太多的遗憾。303雷达虽然在技术上有所创新，把大部分电子管都换成了晶体管，使雷达的重量下降了一半，还加入了计算反馈技术，但是由于研究周期只有四年（1968—1972年），设计队伍整体还缺乏经验，也没有多少储备，因此雷达在对抗性能和可靠性方面并不是很理想。所以303系统在1973年10月30日设计定型之后，只在1974年生产了几十套便停产了，没有大批量生产。老子云"反者道之动"，有遗憾往往就有了新目标，王越从北京回到西安后，就开始考虑改进303雷达，进行新一代火控雷达的预先研究。

303系统的研制任务结束后，王越回到了206所。这时所里有两个重要的任务：一个是配合导弹的靶场精密测量引导雷达，另一个任务是酝酿下一代大量装备的中近程火控雷达。

206所的领导决定从所里的两员"虎将"——王越和周培德[①]中选一个人去承担中近程火控雷达研制任务，于是所里安排王越和周培德分别在206所领导班子会上各自谈谈对新一代火控雷达的设想。最终，王越被选中去研制新一代中近程火控雷达，周培德去承担靶场精密测量引导雷达研制任务。

---

① 周培德，浙江湖州人。高级工程师。1954年毕业于上海交通大学电讯系。历任长江机器制造厂技术员，黄河机械制造厂工程师，兵器工业部研究所副所长、高级工程师，兵器工业部科技局副局长、局长、外事局局长兼中国北方工业公司总经理。20世纪50年代起先后担任炮瞄雷达总体设计师、地空导弹制导系统主任设计师、雷达技术预先研究总体负责人等。在相控阵技术、微波集成数学频谱分析等研究中做出了贡献。

周培德作为总设计师的靶场精密测量引导雷达项目完成得非常圆满，整个弹道导弹精确测量项目在1978年获得了全国科学大会奖。

其实针对206所的一些雷达战略发展问题，特别是在对空雷达向其他雷达方向发展上，例如对炮位侦校雷达的发展问题，王越和周培德的意见是非常一致的。

可国家为什么专门提出要研制中近程火控雷达呢？这就说来话长了。

1973年初，在四机部（即后来的电子工业部，现在的工业与信息化部）召开的会议上，提出我国要研制新一代高炮炮瞄雷达，以适应新战争模式的发展。自从对越自卫反击战以来，战争模式就出现了新的变化：在强电子干扰的支持下，攻击已经变成多批次、全方位，甚至接近饱和攻击。这种攻击有不同的方向，反应稍微滞后一点，就会从不同方向遭受多批次的攻击。

在对越自卫反击战争中这种新的攻击模式已经显露出迹象。新的战争模式对火控系统提出了新的要求，火控系统必须要有持续战斗力和快速的反应力。不仅要能防御"百舌鸟"导弹，还要能对它实施打击，并且在战斗中还要实施各种电子干扰。王越认为要解决在强烈的干扰环境下，解决快速的、多批次的对抗问题，就要从对抗、可靠性、快速反应、多批次这几个特征出发设计一种新雷达；在火力控制方面，既要能控制小口径和中口径高炮，也要能控制导弹。

早在1971年，瑞士就研制成功了"防空卫士"系统，这给中国新型火控雷达的发展提供了有力参考。瑞士的"防空卫士"系统，可与一至三个以任意形式组合的发射装置相连接，既可控制导弹也可控制高炮。中近程的火控雷达可以同时控制导弹和先进的高炮，而且因为它还担负着在近程战斗中消灭对方、完成己方生存的重要任务，所以它还可以连续作战，导弹打完之后要重新装，但高炮却可以连续射击。

20世纪七八十年代的导弹填装技术还不成熟，导弹的装填效率不高，通常要花半个小时到一个小时，不像现在的导弹都是包装好装在多个发射车上，可以连续发射，所以在当时要想对付多批次，尤其是低空的突然攻击，只用导弹防御并不是最佳选择，更何况先进的小口径高炮能准确地对低空目标进行有效毁伤，加之其本身成本低廉。所以在保卫国家重要的目标时，如机场、桥梁、隧道等，就考虑使用中低空导弹和先进的高炮相配合的方式进行重点目标的防御。由此，国家才提出要研发能控制导弹和高炮的中近程火控雷达。

于是在 1973 年下半年，在四机部召开的 736 会议上，确定了新一代高炮炮瞄雷达项目，代号为 306，并进一步明确了 306 是"中口径高炮火控雷达及中低空防空导弹武器系统的制导雷达"。

306 系统又在 1974 年被正式确定列入部队装备发展规划。五机部（兵器部）在 7510 会议上又把 306 列为十年规划的重点项目，要求在 1980 年完成设计定型。

所以从 1975 年下半年开始，根据上级的指示，206 所组成了厂所结合的总体组，由王越任总设计师，彭家庭任副总设计师负责电子系统，包万正任副总设计师负责雷达整体结构。

作为总设计师，王越深知 306 系统的研制与以前的火控雷达研制相比有很大的不同，比如 861、201、302、303 系统都是战争急需，属于应急研究，没有充足的时间去做预先研究。但从 20 世纪 70 年代中期以后，世界局势日趋缓和，雷达研制的时间紧迫性有所下降。但从国际局势的发展趋势上来判断，王越认识到 306 系统绝不是一个应急的雷达产品，而是一个具有优良性能、具有较大未来发展空间，在质量上接近或相当于国际先进水平的雷达系统。

王越深知研制一部新雷达的投入是巨大的。因此，他在对待 306 系统的研制比对待以前的产品更多了些谨慎，没有急于形成 306 系统的总体方案，而是提出首先进行预研工作。他安排总体组进行技术调查研究，对与雷达相关的国际最前沿的技术资料进行搜集和分析，包括雷达火控系统对目标来袭时的毁伤效能、雷达体制、抗干扰性能、信号设计、信号处理技术、天线技术等方面，并逐一展开专题研究，一边研究，一边进行总体方案的论证工作。

一项新技术的使用若是得当，则可以提高雷达的整体性能；若使用不当，不但影响整体性能，还会增加研究成本，延长研究时间。所以在形成 306 系统的方案上，王越做了充分的前期调查研究工作。

王越带领整体组对 306 系统的关键技术（含结构方面）做了深入的先期研究，并推演到各层次相关体制问题，如信号及信号处理体制和关联到的收发体制、雷达系统和雷达结构体制等。研究并采用新体制是从总体上保证雷达先进功能不可缺的重要工作，王越决定采用先进的雷达跟踪体制——单脉冲雷达体制来研制 306 系统。

单脉冲雷达的特点是测角精度高、分辨率高，但设备比较复杂。单脉冲

为了没有盲区的天空
——火控雷达专家王越的故事

雷达早在20世纪60年代就已广泛应用，美国、英国、法国和日本等国都大量装备了单脉冲雷达，主要用于靶场精密跟踪测量、弹道导弹预警和跟踪、武器火力控制、炮位侦察等。

据王越说，国际上研制一种新型雷达的周期一般需要八年左右。早在303系统的研制过程中，王越就曾想采用单脉冲雷达体制，但由于303系统研制周期短、时间紧，无法在那么短的时间内实现，只能沿用302系统的隐蔽圆锥扫描雷达体制。因此，在为306系统选择跟踪体制时，王越毫不犹豫地选择了当时先进的单脉冲雷达体制。

在论证雷达总体方案的过程中，王越感觉到雷达系统的设计总得有一些基本的理论体系作为支撑。以前我们国家设计雷达基本都是为了应急，往往只是抓住了某一个主要矛盾，根本没有时间从系统上作通盘考虑，例如，尽管303系统从技术上是先进的，但离部队高强度作战性能的使用要求还有距离。

国际上系统科学的发展和钱学森先生对系统工程的研究成果恰好给王越提供了理论基础。王越在研究系统科学的基础上，提出雷达设计的四维评价指标，他以这些指标体系作为306系统的设计基础，并在306系统的设计过程中对这些指标进行检验和完善。王越提出的"四维评价指标"已经成为火控雷达系统设计的理论基础，这个四维评价体系研究当初没有公开，直到1990年才发表在《西部电子》上。

20世纪70年代中期，在306雷达的论证阶段，为了说服军方代表采纳王越提出的设计方案，他采用随机服务理论（又称排队论）来建立雷达设计的模型和理论，通过对服务对象到来及服务时间的统计研究得出这些数量指标（逗留等待时间、排队长度、忙期长短等）的统计规律。利用该理论可以研究雷达空间和时间域的矛盾，分析计算表明：减少反应时间比增加作用距离可以更有效地提高雷达的防空效率。这不仅是重要的设计原理，还能使机构的费用最经济或某些指标最优。

据王越讲述："军方提出的指标是雷达搜索距离为50km以上，反应时间在分钟级，而我则认为雷达搜索距离不宜过远，否则天线的尺寸要加大，会牺牲雷达的工作模式切换及快速跟踪速度等，还会连带雷达尺寸重量的加大，影响雷达行军作战，所以我提议将搜索距离定为40km，兼顾中空防卫需要反应时间提高到12s以内。这样可以大幅度提高在激烈多批、多方向敌方攻击中毁伤效率。但是如何证明我的修改不会影响雷达的整体性能，我就考虑利用一些理论的计算和推理去说服军方接受我们的修改建议,我采用的理论就是随机服务理论。"

最终,王越采用随机服务理论建立起系统效能模型,对比306雷达的使用要求综合进行分析后,提出了306雷达总体方案、体制要点和特征以及重要参数。比如:采用搜索跟踪共用一个双模天线,半自动快速截获方案;采用双波段,宽频带捷变频相参脉冲压缩,数字动目标显示(DMTI)以满足优良抗干扰性能;搜索距离应改为35～40km,完全可满足要求,同时可增加试制成功的可能性;采用雷达与火控计算机结合,向国际先进体制靠拢等。

1975年12月下旬,206所召集了786厂、612所、207所等单位汇报设计方案,对王越提出的二位一体(雷达和计算机)炮弹结合的方案和实现技术问题进行讨论,并取得了一致的意见。

1976年,形成了《"306雷达——中口径高炮炮瞄雷达及中低空防空导弹制导雷达"指标及初步方案设想》,上报国防工办、总参四部、炮兵和空军。上报指标体系和方案保证了306雷达系统可控制中小口径高炮和中低空防空导弹,使整个武器系统不仅具有针对多批次、多方向快速敏捷地进攻敌方飞行器的先进防空效能,还具有先进的抗干扰能力和光电结合的能力。同时,在大幅度增强雷达系统可靠性的基础上,进一步增强了火控系统的可靠性。

306雷达系统的研制就要踏上新的征程。而此时,轰轰烈烈的"文化大革命"也已接近尾声,王越和他的同事们就要迎来事业的春天。

6

在科学的春天里

- 春风得意马蹄疾
- 开辟外贸战线
- 参与国际交流
- 引进双 35 系统
- 研制 703 多站联动系统
- 从实践到理论
- 荣誉与责任

为了没有盲区的天空
——火控雷达专家王越的故事

春风得意马蹄疾

1978年，万象更新。

1978年3月，全国科学大会在北京召开。王越并不是研究所的领导，甚至连一个科室的负责人都不是，但是他在雷达研制过程中的无私奉献和突出贡献却是大家有目共睹的。鉴于王越的研究成果，二十院提出让他出席全国科学大会，于是206所就推选他参会。3月18日，王越作为知识分子的代表之一，步入人民大会堂。刚刚复出工作的邓小平在大会上说："知识分子已经是工人阶级自己的一部分"。这句今天听来再平常不过的话，在当时让很多科技人员激动不已。年逾花甲的南京天文台台长张钰哲听完，流着泪感慨道："过去知识分子被当作异己，现在成为'领导阶级'的一部分，终于成为自己人了。"王越感觉戴在头上的"白专典型，资产阶级专家"的帽子终于可以被摘掉了，自己也终于可以全身心地投入到雷达事业中了。因为他所负责的303系统比原来的电子管雷达减轻了一半左右的重量，已经达到了当时世界前沿的水平，所以大会授予他科学大会个人奖。

会议归来，王越便马上投入到306雷达的研制中去。306雷达最初称为综合火控雷达系统，由于采取了较多的新技术，各专题技术进展较慢，1976

1978年全国科学大会代表证

年4月预研工作进入了攻关阶段。1979年完成了实验室研究工作，并在此基础上开始进行外场试验。1980年306系统开始整机研制。同年6月，王越出任206所所长。由于行政工作占用了王越较多的研究时间，为保证306雷达研制的顺利进行，他主动辞去总设计师之职，并提议由彭家庭担任总设计师。所里召开会议讨论，同意王越的提议。1983年彭家庭被任命为306系统的总设计师，王越兼任总设计师。据彭家庭回忆："尽管1983年我被任命为总设计师后，王越同志不再担任项目的具体职务，但我们的合作仍非常紧密，王越同志依然参加了各项重要的试验，参加重大问题的研究解决和重要技术文件的审查等。"

306火控雷达系统是我国自行创新设计的新一代地面火控系统，它的战术性能比国内当时所有的火控系统都有大幅度的提高。在王越的带领下，在306系统中成功实现了以下三个主要性能方面的关键技术的突破：①在主要高精度跟踪X波段采用了信号脉冲压缩技术（可提高雷达的距离分辨率，提高对抗距离回答式欺骗干扰及一定程度提高抗噪声抗干扰能力）+脉间捷变频技术（雷达每发射一次频率便跳变一次，使对方难于实施有效噪声对准干扰）+侦察对方干扰强度并引导我方雷达自动工作于干扰最弱频点的自适应抗干扰技术；②两个工作波段角度跟踪都采用新式单脉冲模式；③利用单天线实现搜索——跟踪双模转换模式，压缩了雷达搜索时间，提高了搜索跟踪效率，从而压缩了雷达作战反应时间。

306雷达对多种先进技术要求较高，必然构成复杂电子系统，具有明显系统总体特征和蕴含相关联多层次、多剖面分局特征，对应形成复杂交织矛盾，矛盾涉及众多技术领域（雷达结构是重要部分），思考解决这些特征的矛盾是必不可少的重要研发工作。

王越这样阐述：以包万正副总师为主，获得了雷达结构总体三方面主要

全国科学大会上获个人和集体奖的奖状及全国科学大会纪念册

王越与军代表商讨方案（20世纪80年代初或中期。左二：王越）

突破。首先，306雷达虽具有中空防空能力，但同时要与低空防空小型雷达具有相同的战术使用性能，如快速行军运输能力、快速"放列""撤收"能力，较方便构筑并进入野战工事等，因此雷达体积、高度有较严格限制。方便敏捷"放列""撤收"就要采用三点支持快速调水平且保持稳定的支持设计，"保持稳定"包括对付对方低空多批次快速进攻所必需的天线快速跟踪、动态稳定和静态稳定。需分析计算找出优化重心位置（并不在三点支持形成三角形几何中心，而是靠近短边某点）。在模拟计算技术和测量手段较落后的1975—1985年，解决问题是靠努力想办法。其次，306雷达虽采用了半导体固态化，但复杂功能仍使散热问题成为影响雷达可靠性的关键问题之一，在较高温度下，温升近10℃将使可靠性降低一个数量级，因此在复杂电子结构中找出高温点，并通过散热通风设计是一个复杂的非线性热学问题，要通过多次、多点的实际测试解决。第三，雷达工作及运输状态的高度问题，两波段多功能使天线馈线结构复杂，使天线馈线及天线座空间占位加大，后果是快速跟踪运动刚度降低影响跟踪精度，运输时达二级高限制影响运输行军速度，必须在结构总体设计中妥善解决，体现了电子与结构设计之间的通力合作。

关于X波段所采取的系列抗干扰措施是306雷达先进水平重点之一，其技术基础是在X波段产生工作频宽达10%，能在毫秒之间随意变化工作载频的编码信号，然后级联放大产生大功率发射信号（因信号关联放大，故称相参放大链），每发射一次载频就跳变一次，这是雷达工作载频最快捷的变化了，它可有效对抗对方干扰效果最强的对准式噪声干扰，同时信号脉冲内编码采用脉冲压缩信号，发射时是宽脉冲低峰值功率，接收时经反变换压缩为很窄脉冲信号，这样可以使对方难以截获分析我方发射信号，同时由于接收信号为很窄脉冲，易于识别对方距离回答式欺骗干扰，针对对方被迫采取干扰效果较差的全工作频段的压制式干扰，306 雷达则针对性地采取自适应变频技术，即在接收系统内增设专门侦察分析对方干扰信号强度的频率分布，找出干扰最弱的工作频率，然后自动导引306雷达工作于对方干扰最弱的频率点，对方如变化，我方也变，形成动态对抗宽带阻塞干扰过程（自适应变频抗干扰技术是王越与他指导的研究生王震宇首先提出的原理方案）。此外，实施这套系列抗干扰方案需要克服一系列困难，例如脉间捷变必需的高质量快速变化频率的 X 波段基本信号的产生和处理的核心器件的研究就是孙有为同志突破提供的；又如发射系统中能产生发射高功率的功率放大管链末前级则采用了仿制被击落的 U-2 的12系统干扰机功率放大行波管，性能好，但更大功率的末级放大行波管（技术要求很高，制造难度很大）却要靠新研制。为了防止研制不成功而导致306系统夭折的巨大风险，采取了与三家研制单位同时签订研制合同提供研制经费、多渠道平行研制化解致命风险的非常措施。所用国产末级功率行波管寿命与美国相比仍有较大差距，只能小心使用，因为当时国外这种行波管严格禁运。现在国产的 X 波功率行波管已有较大进步。

关于采用新式单脉冲体制的情况是这样的：单脉冲雷达对每一个脉冲信号，天线能同时形成四个波束，将各波束回波信号的振幅进行比较，当目标位于天线轴线上时，各波束回波信号的振幅相等，信号差为零；当目标不在天线轴线上时，各波束回波信号的振幅不等，产生信号差，这样便可测出目标的高低角和方位角，用各波束接收的信号之和，测目标的距离，因此连接旋转天线馈线和不转的发射机、接收机的微波旋转关节需要三路两个波段共需六路，后续的接收机也需六路，这样就给结构、电路设计带来一系列困难，因此306雷达采用新式单脉冲体制每一波段只用两路，总共用四路化解"六路"的困难。

关于前面提到的单天线实现搜索跟踪双模转换问题王越还做了简单补充：20世纪70年代以来，随着飞机低空性能的提高，国际上发展了几种低空小高炮炮瞄雷达。为了尽量缩短高射炮系统的反应时间，采用分别搜索和跟踪的两个天线，边搜索边跟踪双功能体制的高射炮炮瞄雷达，如瑞士的"防空卫士"、法国的"可劳特尔"、荷兰的"京燕"等，大大提高了对空目标的反应速度。但同时由于天线的尺寸受限导致作用距离较近，只有25km左右。而306雷达要兼顾中控防御作用，作用距离要求达到40km。天线尺寸较大，只能安装一个天线，采用双模工作尽力提高反应时间。在双模天线的设计

20世纪80年代初或中期，王越与包万正等讨论设计图（右为王越）

上，武光耀做出了贡献，王越给出设计思想，武光耀克服了很大困难，最终研制出双模天线并发表相关文章。

在306雷达的研制过程中虽然建立了四位指标体系，也进行了全面性能提高的研制设计，但是因当时条件限制，在发展维仍留有一些重要发展空间。如Ⅰ波段磁控管固态化取代问题、信号处理、数字化问题等。据王越说，Ⅰ波段微波磁控管固态化问题主要是由张冠杰来负责解决。

张冠杰后来回忆微波磁控管固态化研究过程时说："303系统中磁控管是电真空器件，不能放大且无法发射先进信号，并导致发射机采用很高的电压，机柜体积也大，可能有 $1.5m \times 1m \times 0.7m$ 的柜子那么大，而且外围还有辅助电路，且磁控管寿命短，产生信号差，目标判别能力就差，信号处理的精度就不高，所以在306系统中决心改变磁控微波管的这些问题。当时国内没有固态化器件，我们就通过各种渠道，从国外买了这个器件，通过反求工程剖析固态化的功率器件，然后设计集成，做试验验证。原理方案是王越制订的，我们按他的方案进行工作，每天向他汇报我们做了哪些工作，出现了哪些问题，晚上他会和我们一同分析问题。第二天我们按新思路再去做实验。这项工作花了几个月的时间，最后我们终于设计出了，而且所里还能批量生产了。那时候王越真的很辛苦。"

1982年末，306系统的性能样机总装完毕。

1983年，306系统进行总调并赴机场校飞试验，试验证明原方案基本可行。在一些重大问题上都符合原设计计算和论证要求。在性能样机基础上，对部分电子操作系统的维修工艺等进行了局部的设计修改。

1984年末，306系统完成定型样机的大部分加工和装配。

1985年第二季度，306系统完成总装总调。

1985年第三季度，306系统进行样机自验校飞。

1985年11月，兵器工业部组织专家对306系统进行鉴定。专家认为："306雷达达到了国际上同类产品70年代（20世纪）中期的水平，它的成功大大缩短了和世界先进水平的差距。"据王越回忆："在那次鉴定会上，设计团队还是很保守的，材料中我们提出达到国际70年代中期水平，其实当时有些技术是同时期国际上先进技术，但是报鉴定时，我们还是要把握好尺度，不能说得太满，否则专家会觉得我们傲气，可能产生误会和副作用。"

彭家庭是306雷达系统的副总设计师，他在该系统中负责脉冲压缩、相参跳频及功率放大链、双路对数单脉冲、动目标显示和跟踪等专题的研究。作为同行的学术专家，彭家庭非常客观地评价了王越在306雷达系统中的主要贡献：

（1）利用随机服务理论建立起的系统效能模型，对比306雷达的使用要求进行分析后，提出了306雷达总体方案、体制要点和特征以及重要参数。

（2）1983年前兼任总师时，协调了电气与结构方案在重点问题的兼容性，并对结构方案中的新技术要点予以确认和支持贯彻；审核与确认上报的总体研制方案。

（3）对研制过程中一些重大技术关键进行解决和最后决策，如：天线方案的决定，天线工艺方案的最后决策；发射系统功率行波管试制厂布点，样管性能的确认；全系统可靠性指标的确定，研制过程可靠性措施的提出和审核分系统的关键可靠性措施。

（4）定型样机的改进方案的最后审定。

（5）申请设计定型的各项工作的审核和决策。

1986年11月，306雷达参加了北京1986年国际防务技术展览会，王越恰巧在南京参加国际雷达会议。展览会上306雷达受到了国内外专家的好评。

1987年4—6月，306雷达进行了部队使用试验，在靶场进行射击试验，取得较好成绩。

1992年，206所与其他研究所合作，在原306雷达上加装了电视跟踪和激光测距系统，提高了系统的跟踪能力和抗干扰能力，将雷达的整体性能提升到了国际水平，从而更加受到国内和国际军贸市场的青睐。

306雷达是火控雷达、火控计算机（指挥仪）两位一体，光电结合、弹炮结合的新型全天候地面火力控制系统。可快速搜捕和自动跟踪来自低空、中空各种干扰环境中的飞行目标，并连续测定目标的角速度和斜距离。在火控计算机中根据目标现时的点坐标诸元，实时计算出高炮的设计诸元，控制火炮对目标进行射击。该系统可配置不同口径的高炮或低空防空导弹武器，组成自动化全天候防空武器系统。

1988年12月，306火控系统获得兵器工业部科技进步奖特等奖。

1989年12月，306系统获国家科技进步奖一等奖。此装备在当时属于世界先进水平，积累了国内所有的核心技术。

在306雷达研制的过程中，王越经过不断探索，总结实践经验，走出了一条具有自己特色的火控雷达系统研究设计的新路经，并提出了火控雷达和电子对抗系统工程的基本理论，建立了该系统的模型，并将这些理论和模型应用到306系统的研制之中，显著提高了火控雷达的性能，研制成功率、效率和经济性均有很大提升。

开辟外贸战线

1978年年底，党的十一届三中全会做出了把全国工作重点转移到国民经济建设上来的战略决策。20世纪80年代末，"冷战"结束，国际形势进一步趋向缓和。于是在这种情况下雷达研究所和企业实行"军民结合，平战结合，军品优先，以民养军"和多试制、少生产的指导方针，使雷达新产品和雷达新技术取得了较大进展。

在这期间我国又研制成功多种新型防空雷达，其中包括机械扫描和相控阵体制的三坐标雷达。这一阶段以雷达新技术不断被突破、雷达品种增多、"军民结合"、产品进入国际市场为主要标志。研制出的雷达的共同特点是在技术上实现了高起点，单脉冲跟踪体制技术、脉冲压缩体制技术、多普勒体制技术、相控阵体制技术和成像体制技术等融于一体，实现了雷达设计集成化、数字化、自动化、固态化。从此，我国雷达具备了作用距离远、抗干扰性能好、分辨率高、高可靠的性能。

306雷达的研制成功，激发了206所科研人员的科研激情。但是新的问题又出现了。20世纪80年代末期，国际"冷战"已经结束，中国也在集中精力搞经济建设，同时对军费进行了压缩。因此在306系统研制成功后，国家并没有立刻装备部队。研制出的产品不进行装备，对王越来说是个不小的压力。一是这么先进的雷达不装备部队实在很可惜，那时部队使用的雷达性能比306系统差了很多；二是如果306不装备，206所就没有经济收益。大约从1985年到1990年这段时间，国家研究经费的投入急剧缩减，指令性研究任务锐减，研究人员与研究项目相比"僧多粥少"，206所争取到的研究项目寥寥无几，所里的基本运行很艰难。

据张冠杰讲述："306设计成功以后，部队没有立刻装备，是由当时国情决定的。当时国家的经济状况很差,邓小平同志复出以后,首先得解决吃饱问题,国家这么大,吃饭问题还没解决,部队装备就得少订或不订,拿钱先解决老百姓吃饭问题,并且邓小平有个基本的判断,国家20年不会打仗。在这样一个环境下,我们得先解决吃饭问题,先解决改革问题。部队成立公司,部队养猪、种粮、搞第三产业,在这种情况下,我们研制的产品就不能生产,对技术人员来说,心里肯定很难过,但是从国家宏观发展来看大家都认可。在这种情况下,206所如何维持下去?单位没钱投入怎么搞新的产品?怎么留住人才?怎么搞建设?这是摆在王越面前的一块'坚石'。"

面对困难,王越从不怨天尤人,而是努力想办法解决。为了206所的生存和发展,作为所长的王越决定通过外贸把306雷达技术降级卖到国外去。最先进的雷达当然不能卖到国外去,所以他考虑技术降级外贸。

20世纪80年代末,军品的贸易由兵器工业总公司下属的公司来运作,于是王越就主动联系外贸公司,准备通过他们把306雷达卖到国外去。正好那时该公司也有了新认识,过去中国单纯向第三世界友好国家出售传统武器,而现在的传统武器在战争中的地位越来越弱,只有配上电子系统,它的威力和杀伤力才具有优势。在国际军贸市场上,电子系统和火力系统配套出售才具有优势,也就是说传统武器需要雷达配套。这样雷达的作用和价值都提高了,武器的先进性也就体现出来了。该公司听了王越的设想后,对306雷达很感兴趣,所以他们也极力把306雷达作为外贸向外推荐。与该公司交流之后,王越对306系统的出口贸易有了一个比较清晰的概念。

王越首先向国家提出申请,降低306系统的核心技术指标,争取外贸。国家批准之后,王越亲自去一线直接跟外商谈判,他熟知306雷达系统,英语又好,根本不需要翻译,所以谈判胜券在握。1989年,某国一次就订购了36套306雷达,每套1000万元,分五年交货。签订了军贸出口的合同,206所的干部和职工受到鼓舞,然而新的问题又出现了。306系统的指定生产厂家是电子工业某厂家,但该厂却不愿意生产306雷达系统,因为当时该厂正在生产双35系统,双35系统是一个仿制国外的产品,仿制产品的国内定价高,利润也相对较高。

王越几次与该厂进行交涉失败后,决定自行组织生产306雷达系统。但206所是一个典型的传统型研究所,自1967年成立以来只进行军品的研究工作,现在要另辟新径进行军品生产,可谓困难重重。所里只有一个不到200人的试制工厂,生产加工设备也很有限,生产管理经验也不足。王越的决定公布后，怀疑和否定接踵而来，甚至连上级领导机关的人也为之泼冷水，有些好心人予以劝阻，担心完不成任务。但王越的决心很大，他首先冷静地向领导班子成员分析了有利条件，使大家达成共识，统一了认识。最终大家一致认为在206所开辟一条加速科技成果转化、自主研制、自主生产的产业化道路是完全可能的。

在科学分析和调查研究基础上，王越组织人员制定了一整套实施军品生产的管理办法和运行机制。关键的四项措施是：①成立组织、管理、指挥、计划、考核的生产管理职能机构，即702WM生产办公室；②组织起由60多人构成的新的"三师"系统队伍——负责担任设计改进工作的设计师系统，负责承担生产过程的工艺师系统，负责承担售后服务工作的保障师系统；③制定生产管理制度；④组织以206所为主，联合八厂四所成立协调生产网络组织，成立厂所联合体系，解决加工制造的"瓶颈"问题。

生产是组织起来了，但还需要生产资质才能进行生产。当时国家还没有研究所搞生产的先例。要生产雷达，首先要获得当时的兵器工业部的认可。为了获得生产资质，王越多次到兵器工业部，同来金烈等副部长进行汇报和讨论，其中因想法不同，甚至发生过激烈的争论。经过几次同兵器部几位副部长的据理力争，王越的品质和能力得到了部里领导的进一步认可。

王越讲述当时的情景："我到兵器部要求授予我们生产资质。按当时的规则，雷达生产必须要交给工厂，所以他们一开始不同意我们自己生产。于是我跟几个副部长进行了很激烈的讨论。在讨论技术问题上，我不会因为他们是部领导就得什么都听从。他们问我为什么你们非得自己生产，为什么交出去不行？我讲，所谓我们生产，不是我们事无巨细全部生产，而是合作生产，研究所抓技术，抓总体，抓总负责，抓核心部件，抓总装、总调及售后技术支援服务。我摆道理、摆事实，最后部领导被我说服了，同意206所组织生产306雷达。"

经过大家的共同努力，206所用一年零三个月生产出来了三部样机。研制人员带样机去部队的一个靶场进行打靶试验，四天打下了三架靶机，这证实了306雷达的确是一个很出色的新产品。

1992年2月3日（农历大年三十）上午，三部702WM火控系统在一片片鞭炮声中被送往火车站，发往国外。同年5月29日，如期保质保量完成了第一批的交货任务和对客户操作手的培训任务，打响了206所自主生产军用产品的第一炮。

1991年，王越（右）带外商参观并对产品进行讲解

  雷达在国外打开了市场，反映良好，其他外国客户陆续订货。在306雷达的外销过程中，兵器部下属的公司负责联系外商，并进行商务谈判，王越则负责与外商的技术谈判，包万正负责产品的生产管理。所以306系统的外贸定价，206所并不知情。

  据王越讲，联系外商的公司给206所的汇率没有达到市场的比值，当时是美元对人民币的汇率是1∶8。王越和包万正商量后，就派包万正去兵器部跟该公司谈判，争取到一笔外贸差额资金。206所就用这资金购买了六七台非常高级的设备，包括大尺寸精确加工的数字化高精度机床，还买了一批高精度的仪表、高精度的微波测量仪表，这些仪器是当时国际上最先进的仪器，为后续的科研和生产奠定了良好的基础。

  306系统上配置的组成裂缝阵相控天线的波导管生产技术要求很高，需要一道一道去检验、去查，去进行切槽定位。当时使用的德国制人工操作机床精度虽高，但它不是数控机床，两个高级师傅需要一周才能生产一根波导管。有了高精度的数控机床，不到20分钟就能生产一根波导管。一部雷达天线上就有几十根波导管，如果采用人工机床，仅波导管一项内容的加工时间可能就需要半年，而数字化加工设备只需1～2天就可以完成，大大提高了生产效率。

306系统的出口贸易为206所获得了充足的科研经费和先进的仪器设备，提升了生产加工能力，为雷达的生产制造创造了坚实的基础条件，同时研究所的经济效益也有了很大提升。

曾在206所任副总工程师的岳峻屹是这样评价王越的："他有很强的预见力，现在所里的人特别感激他。在206所处于科研低谷的时期，他能通过产品外销，把306雷达推向国际市场，为研究所的发展获得了资金，提升了206所在国内外的地位，并形成了良性循环。306雷达降级出口以后，王越将下一个目标锁定在国内部队装备上，这么先进的雷达不装备国内部队实在可惜。我那时是副总兼科研处长，王越让我安排好所里的事，出去宣传306雷达，实现国内装备的目标。王越在全所大会上公开说，谁要能把306雷达实现国内装备，奖励五位数字。这很了不得，我们全年的工资才几千元，这说明他决心很大。他安排我去国防科工委搞一张生产的'入场券'，即国内生产装备306雷达的生产许可，实际是一个文件，即306系统在206所定点生产。这张'入场券'突破了研究所不能生产的规定。拿到国内装备的订单后，206所的科研转化上了一个大台阶。"

306雷达的出口贸易很快就产生了马泰效应，兵器部也开始关注206研究所的科研能力了，很快兵器部下属的公司就给了206所另外两个研究项目，一个是地炮雷达，一个对海雷达，还有相应的配套研究经费。这样206所既有了生产任务，也有了研究任务，很快就从艰难的困境中走了出来。

参与国际交流

参加国际雷达会议

参加学术会议交流是科学家获得同行认可的一个重要途径。以雷达为主题召开的国际会议有很多，其中较为成功、较为系统和正规的是由英、美、中、法、澳五国轮流召开的系列国际雷达会议，分别由英国的国际电气工程师协会（IEE）、美国电气和电子工程师协会（IEEE）、中国电子学会（CIE）、法国 SEE 学会和澳大利亚 CSSIP 学会主办。

早在 1973 年英国 IEE 成功举办了一次"非保密"的雷达会议，受此鼓舞，IEEE 决定于 1975 年举办国际雷达会议，IEE 作为协办方。全世界约有 820 人出席会议，影响颇大，会议能够再次举办会很好地为学会团体服务。因此，IEE 同意在伦敦举办"Radar-77"会议，并决定 IEEE 的"Radar-80"会议在美国举行。1975 年和 1977 年会议的成功举办引起了法国 SEE 学会的兴趣，他们要求 1978 年 12 月在巴黎举办的国际雷达会议也加入这个"系列会议"中。于是，IEEE、IEE 和 SEE 三家主办方达成一致：以五年为一个周期持续举办国际雷达会议。

中国加入后于 1986 年在南京举办了首届中国国际雷达会议，其后分别于 1991 年、1996 年和 2001 年在北京举办了三次国际雷达会议。1991 年，第二次中国国际雷达会议在北京香山饭店举行，王越、张锡熊等雷达专家汇聚一堂。ICR-2006 由中国电子学会主办、雷达分会承办，于 2006 年 10 月 16—19 日在上海贵都宾馆召开，这是中国召开的第五届国际雷达会议。

早在 1980 年 4 月，张直中率领中国雷达代表团应邀出席了在美国华盛顿召开的国际雷达会议，这是我国首次派代表团参加雷达会议。1986 年 11

月，中国电子学会雷达学会在南京主持召开第一次在中国举行的国际雷达会议。参加这次会议的有美国、英国、法国、意大利、苏联、挪威、瑞典、日本、印度、科威特、加拿大、波兰和中国的专家学者共270人。王越和他的研

1991年，王越参加中国国际雷达会议与同行专家合影（左一：顾汉新；左三：王越；左四：张锡熊）

究生张冠杰参加了这次国际雷达学术会议，并任学术委员会委员。他在大会上宣读了论文702 Fire-Control RadarA（即306系统），与到会的46名各国专家中的有关人员进行了学术交流。在宣读论文后的交流中，王越几乎被外国专家围得水泄不通，他们对搜索和跟踪合一、计算和火力控制合一等技术创新点非常感兴趣，不断向王越提问，挖掘306雷达的技术和思想。这次会议之后，王越的学术交流圈进一步扩大，学术地位得到了更大范围的认可。1987年中国电子学会常务理事会鉴于王越在发展雷达技术上成绩卓著，依据投票选举结果授予他中国"电子学会会士"[1]称号。

参观美国西屋公司展会

"王越是一位谦和而低调的老人"，他的学生和周围的同事都是这样评价他的。然而当涉及民族尊严时，他却表现得毫不让步，他骨子里不能容忍国外势力瞧不起我们的人民、瞧不起我们的国家。

---

[1] 电子学会会士，中国电子学会向在电子信息科学技术领域中成绩卓著、学术上有较深造诣，且在电子信息科研、生产、教育和管理方面有重大贡献并具有三年以上本学会高级会员会龄的高级会员，授予会士（Fellow）称号。会士每年遴选一次，每次遴选的会士名额不超过30人。

在科学的春天里

为了没有盲区的天空
——火控雷达专家王越的故事

1986年前后，美国在北京举办了一个电子产品展览会，美国WESTINGHOUSE（西屋公司）展出了AN/APG-68雷达。当时某重点研究所承担了这个空载的火控雷达研制，有几个技术员带着一个翻译来看展览，他们非常迫切地想跟美国的工程师探讨一些问题，便通过翻译进行提问。由于翻译不是雷达专业出身，所以很多问题翻译得不到位，美国的工程师就觉得他们有点外行，露出傲慢的表情说："你看吧，东西在这儿。"他的表情好像告诉大家，有什么问题尽管提吧，估计你们也提不出什么关键问题来。

王越最容忍不了的就是外国人瞧不起我们的国家，瞧不起我们的技术人员。王越曾回忆道："当时我正静静地站在旁边观看这个雷达，雷达的前罩已经打开，发射装置已经露在外边，我一看AN/APG-68雷达的管子就知道它的发射系统不是世界最先进的，因为它不是功率放大式的，不能放大信号产生部分所需要的高级信号。而放大高级信号是先进雷达的重要基础，也是先进发射系统必须具备的性能。当然我不能肯定美国是否作了降级处理来展览，还是安装在F-16飞机的雷达就是这样。但是安装在F-16上的后来肯定有更好的。本来我想等到技术谈判时再讨论这个问题，但是WESTINGHOUSE那个工程师的傲气迫使我开了口，我直截了当地说，这个雷达的发射装置不够先进。那个工程师立刻瞪起眼问为什么。我说，末级的管子不是一个放大管，不能放大所需要的先进信号，从而影响雷达体制和性能，所以这个雷达的体制根本不是先进的体制。他立刻惊呆了，态度来了个180°的大转弯，立刻变得很谦恭，并且马上把他的上司叫了过来，很耐心地给我们介绍这个雷达的性能指标。"

1986年，中国与美国政府达成"和平典范"的军事合作计划。在引进美国雷达的过程中，王越作为技术代表曾多次同美国西屋公司谈判，并到美国进行实地考察。美国虽答应转让给我们技术，但却不是最先进的，跟展览会展出的那个型号差不多。

任何一个国家在兵器贸易中，都不会将最先进的卖给别的国家，先进的技术还得靠自己研发，靠买装备是不可行的。1989年下半年，中美关系急转直下，"和平典范"计划随之"流产"。中国数亿美元打了水漂不算，几架样机还被美方扣留做了机械和技术解剖后才归还。

引进双 35 系统

或许是从那个任人宰割的耻辱年代走来，王越有着卧薪尝胆的大志——"自力更生，奋发图强，以我为主"。他说："在高科技领域，要想获得尖端技术，即使有钱，人家也不一定卖给你，还得要靠我们自己干。"

"双 35"系统在引进初期，有些专家提议完全仿制，他力排众议，提出"走功能仿制"的指导思想，反对一味跟随国外的设计（虽然其为名牌产品）。他的这一思想和行动，得到了国防科工委领导的首肯并起到良好效果。在对待"双 35"系统的引进上，王越坚持功能仿制，而不是照图纸完全仿制。他认为简单的图纸仿制不能从本源上提升我们的技术水平，而应从功能仿制的过程中吸收先进设计思想和技术核心，提升研究队伍水平，从而为后续雷达的研制积累经验，锻炼队伍。

瑞士"防空卫士"

瑞士"防空卫士"（SKYGUARD）火控系统，是一种采用雷达的自主式火控系统，用作低空防御，可以同时控制两门"厄立空"（oerlikon）35mm双管高射炮，所以命名为双三五毫米牵引高炮火控系统（简称双 35 系统）。"防空卫士"于 1971 年由康特拉夫斯公司[1]研制成功基本型，当时有七个国家，包括瑞士、奥地利和美国等先进国家订购了这种火控系统。这种系统可

---

[1] 康特拉夫斯公司（Contraves），瑞士著名的兵器制造厂家，它主要生产野战防空武器系统、海上防卫的近距离武器系统、火炮瞄准系统、野战炮兵射击指挥系统和光电跟踪及弹道测量系统。

与一至三个以任意形式组合的发射装置——火炮和导弹（采用半主动雷达导引头，如同"麻雀""阿斯派德"或者"空中闪光"）相接。

将"防空卫士"与火炮相接，它的作用距离为 300～4000m；与导弹发射架对接，它的作用距离可达 10km。通常将"防空卫士"装在拖车上用于保护固定目标，也可以将其装在发射容器内由轮式或履带车载，这样机动性更好。

"防空卫士"装有一个 X 波段脉冲多普勒搜索跟踪雷达，后增加瑞典研制生产的一个 Ka 波段脉冲多普勒目标跟踪雷达，集成电视目标跟踪装置和一台由康特拉夫斯公司生产的 CORAIIMB 计算机（目标搜索雷达在使用动目标显示器时的搜索范围为 15km，不使用动目标显示器时的搜索范围达 21km）。由康脱拉维公司生产的这种发射架装配有四个可更换的"麻雀"导弹及其改型弹的导弹发射箱。这种发射架仍采用原来的导弹发射轨。为了减小发射箱的尺寸，须将"麻雀"导弹的固定尾翼换成折叠尾翼。除此之外，发射架上的导弹与空–地导弹是一样的。这种结构设计很好地满足了那些海军、空军已装备这种导弹的国家的需要。后来该系统不断改进和完善，成为国际上最具影响力的防空武器系统。它可形成弹炮结合武器系统，有效对付低空、超低空飞机、直升机和空地导弹等空中目标，系统反应快，抗干扰性能强，跟踪精度高，可靠性好，维修性好，操作简便，代表着国际上先进的火控系统水平。

为了尽快提升我国防空、反导弹武器系统的性能，引进国外先进装备，吸收国外先进技术，快速发展我国的研制水平，加强国防建设，20 世纪 80 年代初期，以王越为首的研究小组开始着手研究瑞士"防空卫士"火控系统。

剖析"防空卫士"

20 世纪 80 年代初期，英国、加拿大等 20 多个国家都购买了瑞士的"防空卫士"火控系统产品，中国也计划引进。但是康特拉夫斯公司提出先卖一批产品给中国，然后再卖给我们生产图纸。也就是说，我们要引进"防空卫士"火控系统，首先要支付一大笔产品费用，一个产品的价格大约要几千万元人民币。所谓卖给我们的生产图纸，也是不完备的图纸，不提供设计分析和设计思想。另外，"防空卫士"的 8mm 技术（即 Ka 波段）是瑞典爱立信

（ERICSSON）公司研发的，康特拉夫斯公司并没有知识产权，所以核心技术根本不可能卖给我们。面对这样苛刻的条件，王越暗暗下定决心，我们不能受制于发达国家的武器控制，必须依靠自己的科技人员不断创新，研制出性能先进的雷达。

为了充分了解"防空卫士"的关键技术，王越首先观看样机表演。1984年初，瑞士康特拉夫斯公司来中国东北沈阳表演样机，通过与办展人员交流、查看说明书、观看样机部件等，王越了解了"防空卫士"的基本性能指标，然后他利用随机服务理论和数学分析方法对双35系统进行了全面的分析，从理论上系统把握火控系统的发展方向，并撰写研究论文发表在内部刊物上，指出经理论分析，双35实例验证，双35系统利用于低空的防空特点是：压低作用距离达到压缩反应时间至6s；在多批次快速攻击条件下，提高防空效率的技术路线是现代中低空防空系统设计原则，由此推论：中低空防空火控雷达作用距离由50km压至40km，反应时间压至10~12s是合理方案（后续发展也可压至6s），这一推论强化支持了306雷达系统方案。接着他提出同康特拉夫斯公司进行技术谈判，谈判主要是挖掘对方技术关键、挑对方产品的毛病，迫使对方降低价格。

1984年8月，在国防科工委的组织下，组成谈判小组同康特拉夫斯公司进行技术谈判，王越是谈判小组的核心成员。谈判之前，王越已经组织参加单位206所、202所等对康特拉夫斯公司提供的技术文件进行充分研究，提出200多个问题。1984年8月13—20日，王越一行专家与瑞士代表团做了两天半的艰苦谈判，据王越回忆："瑞方谈判人员分别来自瑞士和瑞典，瑞士人的名字是Moritgbickel，瑞典人的名字是Ingvar Qderland。谈判主要是挑毛病，压价格。谈判时，所里和局里安排了翻译，但是翻译有时跟不上思路，我就直接用英文问，来不及给大家翻译，所以谈判结束后，有些同志就给上级汇报，说我自己单独跟瑞方人员之间谈判，不经翻译人员进行翻译，其他人都不知道

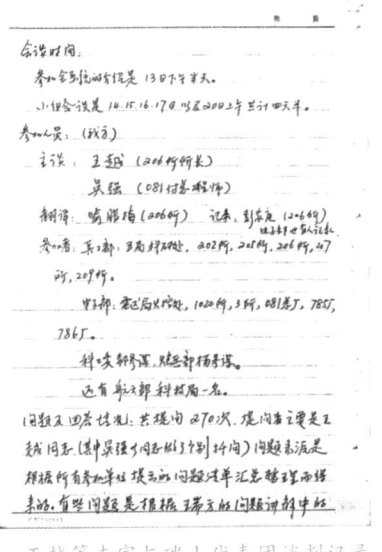

王越等专家与瑞士代表团谈判记录
（1984年8月14—20日）

在科学的春天里

115

谈的内容是什么，对我的做法有意见。后来我跟部里领导作了解释，部里领导也理解了我的做法。"

在近270次的提问中，主要由王越来完成。参与研制的生产厂的副总工程师吴强也参加了谈判工作。谈判结束后，1984年8月22日，王越组织专家及其研究团队立刻对"防空卫士"做了一个综合价，他们认为，此次瑞方介绍的"防空卫士"防空系统，是一个具有较先进技术、快速反应及地空性能良好、高炮和导弹相结合较完整的低空防空系统。"防空卫士"系统反应时间较短（可能在10s左右），具有快速更换目标的能力。其系统的三部雷达，即X波段搜索、X波段跟踪和Ka波段跟踪都采用全相参的收发系统。Ka波段（8mm）的优点是抗干扰性能强，跟踪精度高，速度快。瑞典爱立信的Ka波段技术是当时的新技术，对我国的研发工作有参照性，为此王越同爱立信公司也进行过多次谈判。

1987年，王越亲自带队去瑞士康特拉夫斯公司生产研发基地进行实地考察。据王越回忆，实际上瑞方邀请中国考察有另外一个企图，他们是想推介另外一个系统——指挥系统。但是王越还是利用考察的机会，挖掘出一些关于双35系统研发的非常有价值的技术。

1987年，国防科工委、总参某部、国家计划委员会在组织调查、考察研究的基础上，提出引进瑞士双35mm牵引高炮系统。

在对双35系统经过充分的研究之后，王越提出了对双35系统的引进坚持功能仿制的原则。理由如下：①双35系统是逐步发展的，最初的设计成功是70年代初，因此设计概念、设计所采用的技术，不可避免地有历史的痕迹，元器件的采用水平也不可避免地沿用当时的器件，如采用很多中小级规模集成电路以及A/D变换片子等；采用了较多的专用二次封装或二次集成的芯片（多为康特拉夫斯公司的产品），对国产化起了制约作用。②双35火控系统属于不完全生产许可引进项目，尚有多项单体和部件属不转让技术。我们对瑞方的设计思想、试验规范了解甚少，而且，许多系统、单体和部件均不是瑞方公司研制生产，加之元器件、原材料、配套机电产品的多样化和国际化，要求先进的加工手段、测试设备，这些情况都给全盘仿制国产化带来很大的困难。

同时，功能仿制的原则，引起了很大争论。双35系统整体性能基本代表当时的国际先进水平，所以有的人就主张进行完全仿制。据王越讲述："完全仿制看来省时间和力气，但是系统的核心技术你可能永远都无法掌握。照着葫芦画瓢表面上是简单，但是我们要受制于人。包括元器件，我们要参照他们提供的参考图纸，寻找对应的国产元器件，如果没有国产的，我们只能找他们去买。元器件变化是很快的，这个原型设计是70年代末，我们开始做时已经是80年代后期，大约是1989年、1990年的时候，这时候我们如果要照着葫芦画瓢，要花很大代价。因为很多元器件已经更新换代了，你还要求人家重新生产，会受到很多限制。所以表面上完全仿制是省事，但是深层次分析之后，我们实际上并不省事。对国家来说，这个系统的价格也会很快上去。所以我就坚决反对照着葫芦画瓢。我坚持进行功能仿制的思想，就是在他们提供资料的基础上，研究系统的设计思想、系统的特点，然后进行功能的仿制。功能仿制，不仅使我们掌握核心技术，而且还能对核心技术进行研发和推陈出新的提高，从而提升整个系统的功能，并且我们不会受制于外国产品供应商。坚持功能仿制，这是一个原则的争论，我是一点儿不放松的，因为我是总设计师。高尔基说：'应当热爱科学，因为人类没有什么力量比科学更强大，更所向无敌了。'作为一名科学家，我对国家的技术发展负有责任，而不能过多地考虑个人的得失。"

王越用自己对科学的执着、对国家的负责感说服了意见不同者。

1988年12月，经科工委批准建立双35牵引高炮系统"两师"系统，标志着双35牵引高炮火控系统国产化研制工作的正式开始。王越任总设计师，生产厂的吴强任副总设计师，副总设计师还有彭家庭、贺崇嬴、史沛荣等。

1989年12月22—28日，西安206所召开了双35牵引高炮系统火控系统国产化研制方案研讨会，王越宣读了自己撰写的《双35-火控系统一些问题的分析及第一次综合报告》，与会代表对王越提出的本系统国产化工作要点、结合军方提出的三个不变准则（即确保原性能不变、符合我军使用要求不变、最大限度国产化程度不变）进行充分的科学研讨，统一了认识，形成了下一步的工作准则。

最终形成的双35系统国产化研制工作的指导思想是：总体性能不变，机构布局不变，接口关系不变，分系统性能不变，走功能仿制和自行研制的国产化道路。对转让技术部分进行国产化仿制，不转让技术部分进行功能仿制和自行研制。在元器件、材料、机电配套产品等方面，视不同情况采取大多数国内选购、同等替换、以高代低的原则，充分利用改革开放的大好形势。在制造工艺方面，以我为主，对关键工艺逐项攻关，同时引进少量关键设备，以提高加工质量；对特种工艺，打破行业界限，充分利用国内已有技术成果，并积极争取国家高新技术投入。在功能仿制和自行设计方面，要最大限度地利用国内已有技术成果，研制出满足系统要求的系统和单体；认真开展重大关键技术专题攻关和反设计工作，研究原瑞方设计原理和设计思想，以解决国产化研制工作中碰到的难点和元器件国产化问题，促进国产化研制工作的深入开展，进一步提高国产化研制水平。

研制过程

双35系统的引进分三个阶段，王越任第一阶段的总设计师（1989—1993年），彭家庭任第二阶段总设计师（1993—1998年），张冠杰为第三阶段总设计师（1998年—定型）。在访谈中据彭家庭讲，双35火控系统实际上是国际上非常著名的"防空卫士"，其原型只有X波段的雷达，在其改进型中加入了Ka波段的雷达。Ka波段的雷达原引进合同中本来就没有技术转让，只有样机。1989年6月之后，瑞方以Ka雷达使用了其他国家的器件为由，提出再付给他们一笔研制费，由他们研制出替代器件。王越在和彭家庭等专家经过仔细的分析研究后，给上级（兵器部）写了一个报告，提出我们不要Ka波段的样机，改由206所自行研制。这个决定不光节省下对方追加索要的研制费，也扣下了原合同中Ka波段样机的费用，更为重要的是极大地促进了国内Ka波段雷达的研制能力。后来，206所研制出了完全达到对方技术规格的Ka波段雷达（除当时Ka波段功率行波管"转口"购入），具体研制工作由李喜民、蔡兴雨、孙有为等人完成，使206所在Ka波段雷达研制方面具有较强实力。

20世纪80年代中后期，由于行政和科研工作的双重压力，王越身体吃不消了，心脏出现了问题，即使在这样的情况下，他还是坚持工作。不能亲自到设计和试验现场，他就每天晚上召集有关同志到家里汇报试验和设计过程中的问题，然后与他们一同分析问题的原因，寻找解决问题的途径。家里没有黑板，就找一个硬纸板或把文件夹放在腿上，一张纸一张纸地写、画图、演算、推导，整个雷达都装在他的脑海里和心里，大家都说他的膝盖成了黑板架。

随着双35系统研究工作的开展，王越身上的担子越来越重。他不仅要负责所里的行政工作，还要抓双35系统的总体技术工作。1991年，他们在样机进口方面又遇到了很大困难，根本无法判断什么时间样机能到货，在元器件方面也同样如此，很多重要的元器件不能直接进口，尤其是对方的专用器件更是难以搞到，因此有些专题研究无法开展。国内安排的研制新元器件的工作绝大部分又赶不上进度，对很多高性能元器件提出降低指标的要求。面对诸多的问题，王越对各部门提出加强技术攻关、对一些关键技术必须认真消化的要求。巨大的压力和严重的身体透支，使王越病倒在了雷达研制现场。

1991年6月27日，正是双35系统研究的关键时期，国防科工委副主任谢光中将到206所视察并听取工作汇报。王越非常重视，亲自准备资料汇报。在陪同谢光中将参观的过程中，他突然心脏病发作晕倒在地。同事们马上打电话让医院派救护车，医院的救护车迟迟不来，大家都心急如焚。经

王越陪同谢光中将参观206所（1991年。左一：王越；左二：谢光）

紧急抢救，王越总算脱离了危险。他从昏迷中醒来还是询问工作进展和上级领导的检查工作。

在双35系统引进的10年间，王越撰写了很多研究报告。1984年，王越撰写了《瑞士厄利空35mm高炮——空中卫士系统技术座谈会后对系统的综合评价》；1989年12月撰写了《双35-火控系统一些问题的分析及第一次综合报告》；1991年10月撰写了《双35-火控系统可靠性、可维性分析及设计指标的分配》，并在技术研讨会上进行讨论；1991年10月撰写了《国产化双三五火控系统可靠性指标分析及其保证措施》以及《再论防空卫士国产化工作的技术决策》等；1992年10月又撰写了《双35-火控系统第一套样机总装总调等总体工作有关安排》，文中表明计划于1993年完成第一套国产化样机。

在双35系统的引进过程中，王越很有远见，非常关心对青年科技人员的培养，派出30多名年轻人到瑞士学习，不仅提高了年轻人的技术水平，增强了创新观念，还为206所培养了大批优秀的人才，像后来快速成长的张冠杰、曹秋平、周克宏、郭敏、李喜民、蔡兴雨、王克宇、吴至宙、吕之恒等。

为了没有盲区的天空
——火控雷达专家王越的故事

研制 703 多站联动系统

鉴于战时空情中电子干扰、反雷达导弹的出现与迅速发展，防空火控雷达的工作环境变得愈来愈复杂和愈来愈恶劣。为了改善并提高高炮防空作战中抗电子干扰、抗反辐射导弹能力，有效保护我方的防空作战效能，206所科技人员于1973年开始了703多站联动系统方案的酝酿和论证。

所谓703多站联动系统，简单地说，就是将雷达组织起来，进行集中指挥，以实现火控系统的联合作战，达到效能最大化。王越的学生张冠杰说，703多站联动是一个雷达网络化战争的雏形。实际上703多站联动是一个C3I系统，是我国的第一套营级防空C3I系统。所谓C3I系统就是指挥自动化技术系统，是用电子计算机将指挥、控制、通信和情报各分系统紧密连在一起的综合系统。因为指挥（command）、控制（control）、通信（communication）的英文第一个字母都是C，情报（intelligence）的第一个英文字母是I，所以西方国家又把它简称为C3I系统。

美国的战略C3I系统原称全球军事指挥控制系统，于20世纪60年代建成，1995年改名为全球指挥控制系统。战术C3I系统一般由陆、海、空三军分别建立，如美国陆军有战术指挥控制系统，空军有空军战术指挥控制系统，海军有海军指挥控制系统等。根据合成作战需要也有多军种联合建立的战术指挥控制系统，如空军和陆军共同研制的联合监视与目标攻击雷达系统等。C3I系统是一种人机系统，能对地理上分布很广的资源进行集中协调，或针对某一部门面临的各种问题，采集、提供准确的实时情报，并做出决策。

1977年3月，国务院、中央军委常规装备发展领导小组，批复"同意研制高炮营指挥炮瞄雷达站联动控制系统"。从此，703多站联动系统的研制任务便下达给206所和207所，其系统总负责由206所承担。

1977年，由206所牵头，在某机场进行了总体方案的摸底试验。在试验的基础上，又深入细致地进行了许多试验和方案论证工作，直到1981年，在西安召开了703多站联动系统方案论证会，确定了系统方案，并在1982年由炮兵司令部正式批准了《多站联动系统方案》。在方案论证过程中，王越做了大量的理论分析和验证工作。

20世纪70年代末期，王越已经初步建立起雷达设计的系统理论和模型，在703多站联动系统研制中，王越进一步验证和完善了系统设计的理论，并在《火控雷达技术杂志》上发表了《火控系统雷达系统设计简论》和《再论营火控系统之雷达系统设计》两篇论文。在这两篇文章中，他详细分析了系统设计的五个主要特征，即目的性、先进性、环境适应性、相关性、集合性；给出一些系统设计的原理，例如：固定性原理、次优原理、防止偏重小概率事件原理、系统复杂性叠套原理等，并提出了系统设计的步骤和方法，即确定问题—收集资料—建立模型及性能指标—最优化运筹分析。

在《再论营火控系统之雷达系统设计》论文的手稿中，王越指出，分析结果的评估也是系统设计的重要步骤，因为建立模型和确定指标函数往往进行了大量简化，所以评估工作需要结合实际情况加以全面考虑。王越特别强调进行分析结果评估工作时需要注意以下三点：①倾听同行专家的意见和采纳使用部队同志的意见都要进行，不可偏废一方；②倾听意见时不要单限于一种方案，最好在两三种方案中选择进行；③各种意见应该独立地不相关地发表出来，应避免评估者互相影响而导致不客观地进行评估的倾向。由此可见，在大系统的研发过程中，不仅要求有系统的理论、过强的技术，还要虚心听取同行专家和使用者的意见，才能使系统更为完善。他提出的这些理论今天在火控雷达设计中都得到了广泛应用。

1981年，王越在营火控系统理论的基础上提出了703多站联动系统的具体方案。

703多站联动系统总设计师是学雷达电子系统的白永贵，在303系统的研制中与王越有过良好的合作经历。1980年王越升任为所长，行政工作比较繁忙，所以他坚持让白永贵做该系统的总师，自己做行政总指挥，帮白永贵进行协调人力、物力等工作。但是在实际的研制过程中，王越还是坚持参加每次的技术讨论会，解决了一些关键性的技术问题。

1984年底，全系统利用三部302火控雷达和新研制的数据传输设备进行全面的对接试验。对接试验后，改进了存在的一些问题，并于 1985 年将全系统在某机场进行了为期一个多月的验证试验。这次试验比较成功，取得了满意的结果。装备该系统后火控系统效能提高 2.7 倍，而成本只增加 12%，填补了我国营级地面防空情报指挥系统的空白。1985 年 7 月 11—13 日在西安召开了 703 系统部级技术鉴定会。与会代表一致认为："多站联动"的研制成功，将为逐步形成和建立我国独特的地面防空武器系统做出新的贡献，是研制我国战术 C3I 系统的良好开端。系统设计是先进的，属于国内首创。该系统在 1988 年获得了兵器工业部科技进步奖一等奖，并获得国家发明奖四等奖。

王越在《营火控系统雷达系统设计》和《再论营火控系统之雷达系统设计》中对营火控系统进行了大量的计算、验证和理论分析，最终形成了系统的设计方案。但是，在 703 多站联动系统的多次获奖名单中，王越的名字却放在最后一个。据岳峻屹说，是王越坚持把自己的名字放在最后一个的，他认为雷达设计是一个系统工程，是很多人同心协力、共同努力的结果，党和国家已经给予他很多的荣誉，所以他坚持把自己的名字放在最后一位。

从实践到理论

在雷达研究领域，向来有理论派和实践派之分，前者着重于基础理论的挖掘与推进，后者则埋头于工程实践。一些理论派的学者往往以高校为基地，侧重雷达前沿技术的研究；实践派则主要是以研究所为阵地的一批工程技术专家，致力于雷达设计、研制和整体性能的提高。

当然，理论与实践不是截然分开的，实践要依靠理论的指导，而理论也要依靠实践来检验和提高。虽然王越主要的时间和精力都花在工程实践方面，但他一向重视理论的进展，一方面关注最新的理论进展并将其运用到实践中，另一方面还将自己在雷达研制过程中的经验和教训逐渐上升至理论高度，提出了火控雷达和电子对抗系统工程基本理论，建立了系统的理论体系和模型，并应用这些理论和模型成功地指导并研制出多项大型工程科研成果。这些由实践经验得来的理论成果具有极强的指导意义和实用价值，王越也因此成为将实践经验转化为理论成果的代表。

火控雷达设计理论

王越对理论的重视由来已久。在王越最初参加工作的几年里，在201、302等雷达系列型号研制的基础上，王越对雷达的总体设计逐渐达到了日臻成熟、游刃有余的程度。不过，王越认识到，一部性能卓越的雷达的成功研制仅依靠工程经验还远远不够，他希望能找到一些更高层面的理论来指导雷达设计。从20世纪60年代开始，他就有意识地从更基础也更系统的层面上对雷达系统的研制进行一些总结。在302、303系统的研制过程中，他对雷达系统有过一些计算、推导和论证，但是那个时期交流机制并不通畅，加上研究内容属于保密范围,所以没形成可发表的论文。

1973年,从北京回到西安之后,王越就一直在考虑影响303系统整体性能的因素。尽管303系统采用了国际先进的技术,使王越及其团队得到了锻炼,并获得1978年全国科学大会的奖励,但是303系统的整体性能并未展现出质的飞跃。这时候,科学技术领域利用系统设计的方法获得巨大成功的一些案例开始进入他的视野,例如美国的"曼哈顿计划""阿波罗计划"都利用了系统设计的方法,中国的"两弹一星"工程也利用了系统设计的方法。于是王越对雷达系统的研制开始有了一些源于直觉的新想法。

20世纪70年代研制306雷达时,雷达的一些研制指标跟军方的要求有差距,因此王越和军方曾有过一些很激烈的争论。他认识到要说服军方接受自己的设计方案,仅靠经验说服力不够强大,所以就考虑运用数学计算和理论推导说服他们接受自己的观点。于是他就利用随机服务理论建立起的系统效能模型对比306雷达的使用要求,进行分析后提出了306雷达总体方案、体制要点和特征以及重要参数。在这个过程中,一些理论研究成果也逐渐成形。

在306系统整体方案论证的过程中,王越洞察到雷达系统的研制应该采用系统理论系统工程方法来指导。火控雷达系统十分庞杂,各种要素和关系之间错综复杂且彼此相互制约,不仅涉及敌我双方对抗的措施,还涉及实践过程中的博弈问题。然而,从系统工程的角度来说,由于多目标、多层次,约束条件问题及优化设计问题,在物理机制和理论上均尚未很好解决。因此,传统的设计和研究方法主要依靠工程经验,导致雷达研究周期长,设计反复多,成功率低。认识到这些问题之后,王越不断摸索并深入思考,提出将系统工程的一般理论与电子对抗的专项技术结合,来解决雷达设计中的多维指标优化问题。在这一过程中,他引入了随机服务系统和对抗博弈理论,建立了高强度对抗环境下的总体模型和火控系统的四维评价指标体系,保证了火控雷达的发展能够适应现代化作战环境的要求,明确指出了其发展方向,从而使得火控雷达的设计、试制成功率有较大幅度提高。

王越认为,在一个复杂系统的设计中,分系统与全系统的各种关系的协调必须遵循"总体性"概念来进行,即一个系统各单元间关系必须满足总体要求,必须强调局部服从整体的概念,这是因为总体上的失败就意味着全局性的失败,要尽力防止局部可行而全局不可行的情况发生。以王越的经验看来,系统中如果过分地追求某分系统的高指标,一般来说,这样不会构成整个系统的最优，相反会导致整个系统性能下降，甚至会使整个系统失败，因此他提出必须从系统出发全面考虑。为此他建立了一个科学的指标体系，将指标分成四个维度，基本维度之下可分为分维，分维下再分为分子维。通过整体考虑，尽可能优化这些指标，达到成功设计。

四个维度是指：性能维、成本经济维、时间维和发展余地维。

第一维是性能维，它是很重要的。雷达虽然满足了基本性能，但是没有安全和对抗性能是不行的，因为军用电子设备都是在强烈的对抗、干扰环境下使用，所以安全和对抗性能还要单独考虑。雷达设计得很好，但是不适合部队使用也是不行的，因此使用性能维也是很重要的一个指标。使用性能维再分出很多指标，譬如使用周期、可靠性能，以及部队是否容易培训、是否方便维修等，都是性能维中的指标。

第二维是成本经济维。任何国家研制雷达都要考虑经济成本，尤其常规武器想要进行批量生产，成本太高是不可行的，产出和投入比太低也不行。

第三维是时间维。设计需要多少时间，制造需要多少时间，研发需要多少时间，生产需要多少时间，将来使用的寿命，这些问题都需要考虑。一个复杂系统研制周期可能需要 6~8 年的时间，如果最终产品仅使用两年就被淘汰，则会导致产出和投入比太低。

最后一维是发展余地维，也就是未来的发展空间。一个产品最好的设计就是一代一代地发展，既有量变，又有质变，但是整体框架基本不变。框架先定好，然后关键点可以逐步地发展。

这个指标体系很好地表征了设计的概念和要害点，同时具有普适性。设计框架内含多层次相互关联的众多矛盾。要满足这个指标体系，首先要建立系统设计的概念，否则就无法建立指标体系。最后根据这个指标体系来设计 306 系统。

在具体理念和指标体系顶层建立中，部队使用方、国防工业集团、具体研发设计团队三者间，因为任务和所处位置不同，会产生矛盾，尤其是使用方和设计团队之间矛盾更直接和具体。对一些有客观规律、原理依据的重要指标，应尊重规律，确保性能与原理达到统一（如反应时间与作用距离之间的矛盾）。而对一些有灵活处理余地的指标，在不影响总体指标的前提下，可以互相照顾达到矛盾的统一。这是一条普适性原理。

但在研制过程中指标间进行必要的协商调整也属于正常情况。在 306 雷达系统具体项目上，军方注重性能维，而王越认为从整体和长远来看，对国家来说还要考虑成本经济维、时间维和发展维。在论证过程中，要进行理论分析，还要用计算的结果来证明。306系统的总体方案、构思、计算核心指标全都是王越亲自设计和计算。具体的实施就分配到各个专业研究室分头进行，200多名设计人员分头实施计划。因为涉及的指标很多、很细，做出来后要联试，联试过了之后再做样机，样机做完之后，把整个的系统再联试，如此反复直至成功。正因为精益求精、反复论证，所以这个系统设计比较成功，并于1989年获得国家科技进步奖一等奖，这是火控雷达方面获得的首个国家科技进步奖一等奖。

其实，在306系统设计之前，王越就在考虑四维评价体系。后来四维评价体系又在306系统设计过程中得到了验证，然后进一步完善，最终形成了一批以论文的形式发表的理论成果。

"文化大革命"结束以后，越来越多的学术期刊得以恢复，学术成果的发表越来越畅通。很多保密内容也逐渐解密。1978年，王越在《陕西电子》1978年第2期上发表了第一篇论文《雷达可靠性之初步探讨》，论文长达29页。他通过系统的论述表明可靠性是现代雷达的重要质量指标，讨论了衡量可靠性的几个基本指标，包括可靠概率、故障间隔时间、平均修复时间、故障率、工作概率，并从元器件、工艺和环境温度等，讨论了影响可靠性的一些因素。在所能检索的中文文献里，这是最早的一篇关于雷达可靠性研究的论文。如果对一位科学家而言，36岁才发表一篇有重要影响的学术论文并不算早甚至有些过迟。但是，对于一名工程技术专家而言，这一步却是意义重大的，也是非常艰难的跨越。这篇文章是王越从工程技术专家向科学家迈进的一个重要标志，同时从学术的角度也表明他在雷达研究技术上从分析解决突出矛盾到顾全系统整体的辨证方法的应用。

1980年12月，王越在《火控雷达技术》杂志上发表了名为《火控雷达系统设计简论》的论文，这是王越开始研究火控系统设计理论的一个标志。文中强调从整个系统性能来讨论火控雷达的总体设计问题，认为系统是一个有机的整体，要根据系统的主要目标来运筹总体功能。这篇文章虽未全面用系统设计的内容与方法来讨论火控雷达的研制设计，但是考虑了一些系统设计的基本概念，强调了由整个系统性能来讨论火控雷达的总体设计问题。

随后，王越又在1981年8月发表了《再论营火控系统之雷达系统设计》一文，这篇文章除了介绍系统设计的基本原理与过程外，还指出了系统设计与常规设计的区别，更重要的是他讨论了以营火系统为对象进而推行系统

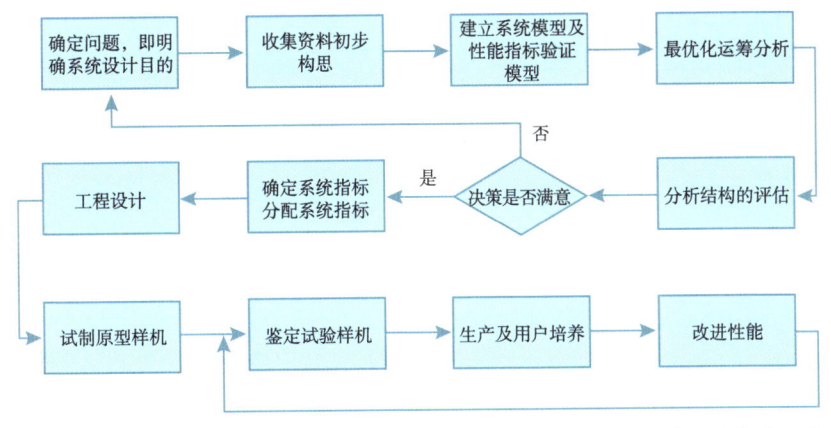

系统设计流程图

设计的步骤和方法，这对于火控系统设计具有重要的指导意义。这篇文章是王越将系统科学应用到雷达火控系统设计中的第一个理论与实践相结合的成果，此后王越又将自己的研究成果应用到其他型号的雷达设计之中，并逐渐发展系统设计的理论和方法。

1985年，王越在中国电子学会雷达专业学会第三届学术年会上发表了《论雷达系统设计的一些问题》，文中提出了雷达系统设计将有较大发展的论点，同时提到它的发展仍将有困难。文中结合系统设计的基本观点和原理，以及心理学中认识思维的基本过程就系统设计中战技要求的提出以及雷达总体方案拟定这两个重要环节进行了分析，并提出了提高成功可能性的途径。

在这些文章中，王越条分缕析地阐述了自己在火控雷达设计方面的系统论，其核心就是他独创的四维评价指标体系。后来，王越又将四维评价体系融入他开设的博士生课程《人工系统设计与系统理论》之中。

在一系列的研究中，王越逐渐将系统论的思想、理论应用到雷达的设计和研制中，并形成了自己独特的雷达系统理论，他的理论在306雷达和703雷达的实际研究中得到实践检验和完善。

今天，王越仍在坚持研究复杂系统理论，并将其应用在信息安全与对抗之中。

电子对抗系统工程理论

随着信息技术的高速发展，雷达火控系统在正常工作情况下能控制武器对空中目标构成很高的射击杀伤概率，因此在实战中敌方很自然地要用各种方法来对付雷达火控系统使其不能发挥作用，形成存亡激烈的矛盾斗争。电子对抗就是敌对双方为削弱、破坏对方电子设备的使用效能、保障己方电子设备发挥效能而采取的各种电子措施和行动，形成作战称电子战。

在20世纪六七十年代的越南战场上，斗争得很激烈，美国的第二代战机F-105、F-111、F-4针对我方的对地攻击基本是失败的，原因就是我方部队利用了美机战术弱点，结合电子对抗技术，发挥我们命中解算精确的长处，大量击落美机。

王越曾讲述道："20世纪六七十年代导弹还处在绝密期，那时我们没有用防空导弹武器支援越南，越南战场我们主要是使用常规武器。在越南战场中苏联实际上也是在较量，苏联一开始并不支持越南。到抗美快胜利的时候，美国着急了，派B-52轰炸。B-52飞得比较高，常规武器打不下来，所以苏联就派出了对空导弹打下B-52飞机十余架。在那场战斗中，大部分美机是我们打下的，就是找出美机弱点，结合电子对抗原理击落1700余架。但是我们的战士也是非常苦的，因为一仗打完之后，需要很快转移阵地，否则敌方就会大量地多批次、多方向实施报复。转移时还要快速避开行军途中美机的攻击。所以雷达的重量和体积首先要降下来，抗'百舌鸟'攻击的性能也非常重要。由于当时战斗的急需，302系统就应急（改装）出来，302系统还是比较重，是7吨多。在302系统上加了一个新波段，可以抗'百舌鸟'对301系统信号的瞄准攻击和S波段干扰，但是整个体系结构没变，所以还是很重。"

在302雷达设计中，考虑采用双波段、隐蔽扫描来对付敌方的攻击。后来在306研制中，王越采用相参脉冲间跳频来增强雷达的电子对抗性能。在设计306系统和双35系统中，王越对雷达的电子对抗性能做了一些重点研究。1986年，他在《电子对抗》上发表《雷达对抗过程某些系统考虑》。文中主要概述了现代电子对抗特点、电子对抗发展概要流程及其主要内容，分析了电子干扰软对抗过程和雷达反导弹攻击的硬摧毁方案。

王越在1987年申请晋升研究员时，作为同行评审专家的保铮院士是这样评价这篇文章的：用对策论的观点，提出了多种对抗策略，分析了对抗效果的度量；不仅仅限于静态对抗，而且发展到动态的对抗，设想新颖，分析结果正确，用于对抗的定性研究很有参考价值。对抗效果的度量是一个非常复杂的问题，也是国内外瞩目而又未能解决的问题，王越在这一问题上跨出了可喜的一步。

王越也指导学生王震宇对雷达电子对抗系统进行了研究，在1986年的《航天电子对抗》上发表了《雷达电子对抗系统动态性能分析与度量》一文。这篇文章提出了对雷达电子对抗系统的一种分析方法，即运用博弈论、随机分析及系统工程的方法，研究双方电子对抗动态过程的变化特性及其效果度量，导出了对抗过程的四大要素：双方对抗手段、竞争速度运用策略、对抗效果之间的相互关系及计算方法。最后应用这一方法对工程中的典型例子进行了分析和计算，并得到了一些非常实用的结果。

1986年，王越在《火控雷达技术》上发表《雷达火控系统反导弹攻击方法之讨论》一文，主要讨论利用小口径高炮射击导弹的方法和问题，此方法技术简单、成本低。在以上研究的基础上，王越提出的火控雷达和电子对抗系统工程理论在实践中得到检验，并逐渐发展成熟，其内容主要包括：

（1）在理解任务、分析任务的基础上，进行确定设计准则与评价体系研究。提出了不同环境下火控系统设计的多层次、多目标模型，以及准则及其原理，提出了四维空间评价体系，将火控雷达设计准则、评价体系统一到理论高度并使之规范化。

（2）约束条件结合综合矛盾研究。提出了火控雷达与电子对抗系统的各种指标和因素，如搜索性能、跟踪性能、抗干扰性能、可靠性能、电磁兼容性能、研制周期等，要对系统发展适应性及经济效益等各种因素的约束机理、相互之间约束关系进行研究，针对不同环境和不同目标提出了复杂多层次约束系统的思想与方法，这对雷达系统设计的科学化、规范化起了重大作用。

（3）系统合理、有效的方法研究。根据他建立的模型及工程项目背景提出了多种合理、有效的设计方法和途径。

鉴于王越在火控雷达设计方面实践与理论方面的贡献，北京理工大学校长胡海岩院士是这样评价他的：追求卓越，王越先生是一位杰出的战略科学家。王越先生长期从事火控雷达系统、信息系统及其安全对抗领域的研究工作，直接推动了相关国防科技领域的发展。早年，他曾作为总体主管设计师，负责我国第一代火控雷达301系统的技术引进和生产、我国第一代岸炮对海校射雷达861系统的研制。他作为总设计师，主持研制了我国第一代歼击机火控雷达201系统、我国第一部全晶体管化火控雷达303系统。改革开放后，他作为总设计师，主持研制新一代火控雷达306系统获得成功。该雷达系统实现了大幅度技术跨越。他曾因上述杰出贡献，荣获国家科技进步奖一等奖、全国科学大会奖、何梁何利基金科学技术进步奖等。

1993年，由于国家的需要，王越离开了雷达研究所，开始担任北京理工大学校长，此后他将更多的时间与精力投入到雷达的战略研究中，作为导师和领军人物指导年轻一代去攀登高峰。正如他本人所言，我已经不能亲自去设计雷达了，但是我可以给他们出主意。离开206所之前他把雷达研制的工作托付给包万正以及他的战友、同事和学生们。

据张冠杰讲述：一个单位能培养出一位这样的人才多难啊！是靠经验积累的，靠实践磨炼出来的。当然从国家角度来看，国家需要他干更大的事，管更多的事，但对于那个他离开的单位来说是很大的损失。他离开之前，跟我谈了很多次。他将所有雷达的设计手稿和论证方案都留给了我。然后还把未来的发展规划，包括一些未来技术发展的制高点、一些关键的核心部件、未来产品的发展以及我们和国外的对比资料都留给了我，我至今还保留着这些珍贵的资料。

在科学技术高速发展的今天，新体制雷达在陆、海、空、天等作战武器平台上得到日益广泛的应用。近年来，雷达技术作为侦察、探测、跟踪、制导的主要手段，并受军事用途需要的牵引和科技进步的影响与驱动，大大加快了发展速度，几乎每隔10年左右就淘汰一代，一批抗摧毁、抗干扰、反隐身的新概念、新体制雷达，已开始在现代高技术战场崭露头角。

作为火控雷达专家的王越不断创新雷达设计，在1993年调离206所之前，他已经对20世纪90年代可能出现的产品全部做出准确的预言，也为206所后续产品的发展勾画了美好蓝图，指明了发展的重点和方向。

荣誉与责任

随着社会形势的好转和个人成就越来越大，王越得到组织认可，获得的社会荣誉也越来越多，他所承担的责任同时也越来越重了。

终于加入了中国共产党

1956年大学毕业前夕，王越就向党组织提出申请，因为家庭成分和复杂的社会关系，他的入党之路一直很坎坷。1959年的政治审查，迫使他离开所在的研制队伍，不能再从事绝密级别的研制工作。但是他依然踏踏实实地研究雷达，在201系统无人愿意接手时，毅然承接任务。201系统的成功使他有机会受到了毛主席的接见，也让雷达研究领域更多的人开始了解他，并逐渐展示出他的领导才能。1963年10月，786厂又对他进行政审，认为其历史清白，所以重新让他回归绝密级研制队伍。

1966年"文化大革命"开始，那时他恰好在北京组织303系统设计，因而得到了"保护"。尽管单位也贴了他的大字报，他一笑哂之。1972年，王越研制完303系统，从北京回到206所，他又开始306系统的研究，任务很重，经常要到基地去试验，王越正式参加政治理论学习的时间比较少，所以一些政治性比较强的老同志对王越的入党问题提出了疑义。

"文化大革命"期间，王越还不是党员，不能担任中层干部，室主任的职务被免掉。于是他就一心一意地进行雷达研究，所里的一些人就说他是走"白专"道路。后来"四人帮"被粉碎，拨乱反正。王越在经历了21年的严峻考验后，终于在1977年9月加入了中国共产党，成为了一名党员。

成为预备党员后，王越就对自己提出了更高的要求，吃苦在前，享受在

在科学的春天里　　131

后。受"文化大革命"的干扰,所里已有十多年没有涨过工资,1977年206所开始讨论提高工资,此时王越在思想汇报中向组织提出了不要给自己涨工资的申请,他在申请中写道:"按照规定,我在可考虑范围之内,但是根据我的工资情况,希望党组织千万不要考虑我的调资问题。一是,1963年,我在黄河厂已经涨过一级工资,比1958年参加工作的同志高三级;二是,自己家庭负担轻;三是作为一名预备党员,我更应该吃苦在前,享受或照顾在后,见困难上,见荣誉让,保持党的艰苦奋斗的光荣传统。"

这件事情王越自己从未向其他人提及,直到整理他的档案时,才被人知晓。他还默默地资助了贫困山区的很多孩子,帮一些年轻人想出路,当有人问起时,他从来就用一句话带过"那是我应该做的"。

担任所长

20世纪五六十年代的知识分子大多出身于地主或资产阶级家庭,用当时的视角,他们受的是资产阶级的或旧式的教育。在1955年的"肃反运动"和1957年的反"右"运动中,特别是"文化大革命"中,很多知识分子受到打击,被当成"教育和改造"的对象。改革开放使科技工作者迎来了科学的春天,王越也被推上了领导岗位,在雷达研制领域他有了更广阔的天地,规划着雷达的未来,同时也规划着206所的发展。

全国科学大会结束不久,全国开始落实知识分子政策。206研究所也遵照中央指示开始调整领导班子,落实知识分子政策。之前的所领导苏长生、张振发等都是部队转业的老革命,研究所要发展,迫切需要一个懂技术的领导干部。1978年12月,王越就从一名技术人员"连升三级"直接提升为副所长。1979年开始代理所长,1980年6月正式任所长。在所长的职位上,他一直以研究所发展为重,以身作则,为所里的事业和人才的培养呕心沥血。

制定206所的发展规划

从20世纪50年代到60年代中期,我国的雷达研制一直在走仿制和改制的道路。直到60年代末期才开始自行设计。在自行设计阶段,王越明显感觉到,在工业界的产品研制中,大部分工作需要理论和实际紧密结合,雷达研制也是如此。雷达的研制和发展仅有实践经验是远远不够的,要长足发展就需要一些理论指导。因此王越在担任所长后，就将 206 所的研究分成三个层次：应用基础性课题的研究、型号预研和产品试制。

应用基础课题研究，是围绕国际雷达发展的新技术开展相关研究，新技术会对雷达产生什么样的变革，新技术应用到产品中的可能性；型号预研，是对国际先进雷达型号的体制的性能进行剖析，勾画新型号的功能和可实现性；产品试制是科研的最后一个层次，有了前两个基础，才能保证研发周期和产品的质量。

在担任所长后，王越调配人力资源，调整研究步伐，保证研制产品的质量，带领大家完成高端产品研制。80 年代以后，"冷战"基本结束，产品的研发从应急逐渐转变为从长远发展角度进行设计、研发。在 306 系统的研发中，他多次调整研究计划，增加国际先进技术，使其达到一个比较高的水平。在他的带领下，306 系统、双 35 系统、703 多站联动系统等研制非常成功，均获得国家级科技奖励。

20 世纪 80 年代，206 所经历了发展的艰难时期，没有研究项目，科研经费少，留不住人才，王越打开思路，将 306 雷达技术降级推向国际市场，306 雷达的出口贸易为研究所的发展赢得了充足的资金并得以增添先进的实验、加工设备，提升了 206 所的研究和生产能力。同时，经过与兵器部领导多次交涉，王越为 206 所赢得了生产资质，开创了研究所生产产品的先河。

在王越担任所长后干的几件大事中，除了带领大家完成产品研制任务外，他还完成了 206 所的搬迁工作，把 206 所从山沟里搬了出来，这对 206 所的发展起了很重要的作用。据王越讲述："之前也有很多老领导、老前辈为此事做过很多的努力。但是最终说服部领导同意我们迁址方案的事情是我做的。"

1987 年，王越在西安搬迁前的 206 所办公室里

早在 1975 年 9 月 19 日，206 所党委就向五机部党组、二十院党委提出了申请迁址的报告。当时已经搬入山区四年多，深深体会到建所时遵循"散、山、洞"等方针，给研究所后来的工作和发展带来严重的困难。

为了加速火控雷达研究事业的发展，所党委经慎重考虑，提出了申请迁建的报告。申述的理由如下：第一，科研生产区受洪水严重威胁。整个科研生产区位于两河流汇合处的下游——河两岸狭窄的河滩上，暴雨经常致使生产停工。第二，环境污染严重，不符合电子产品工作环境要求。工作环境中总悬浮微粒浓度高，以至于 $2\mu m$ 以下线条的高精度器件无法生产。第三，水源困难，影响科研工作和职工生活。第四，现有建筑面积远远不能满足科研发展的需要。206 所在搬迁之前，王越的办公室仅有几平方米，工作条件非常艰苦。另外，还有交通、生活条件较差、子女升学就业等困难因素。

根据以上理由，所里提出移址另建的申请报告。部、院领导和有关领导机关来所进行了现场考察，都对所里的困难表示同情，但是由于国家经济还比较困难，搬迁未能获准。

1978 年 4 月，国防科工委检查团西北分团来所检查工作时，经过详细了解，认为 206 所亟待迁建，并将这一看法写入国防科工委简报。1978 年王越担任所领导后，多次找国防科工委领导汇报此事，终于 1979 年 8 月获批搬迁。206 所最终在王越的争取下从西安郊区的山沟里迁出来了！

培养后备人才

王越在 206 所任所长期间，非常注重年轻人的培养，通过支持年轻人读研究生、出国培训等途径为所里培养了一批骨干和专家，而今这批人才已在火控雷达领域独当一面。双 35 系统引进期间，他派 40 名人员到瑞士培训，其中技术和英语好的年轻的科技人员就有三十四五位。

20 世纪 80 年代末期出趟国还不太容易，很多人都看成是一项比较好的待遇，出国的补贴是月收入的好几倍。所以所里机关的领导干部以及一些老同志对他有意见，说他不照顾老同志。他认为从工作出发培养年轻人很重要，206 所的未来必须让有能力的年轻人顶起来，才能有发展前途，他是顶着压力往前冲。事实证明，这些年轻人把瑞士的先进技术、先进的产品、先进的管理，特别是先进的方法、创新思维全学到了，他们都成长了起来，成为各个领域的骨干，给 206 所的长足发展培养了生力军。

王越曾说："我安排年轻人出国是考虑到 206 所长远发展的。我提出多安排年轻人出国，特别是毕业不久的有能力的年轻人，他们好奇心足又具备扎实的基础理论知识，善于思考，可以学习和挖掘瑞方的技术和管理。一些做管理工作的老同志技术生疏而且容易固守思维，外语也相对差一些，学习起来困难较大。机关一些同志提出意见后，我提出通过语言和技术考试来抉择，我亲自当主考官进行口试选拔，我用英语提问一些技术问题，让他们回答。当然老同志技术好的也派了，彭家庭也去过一段时间。"

王越的同事兼学生张冠杰是这样评价王越的：王越是中国火控雷达的开创者，现在几乎我国装备的所有火控雷达都是他主持设计的。我在他手下工作了12年，我的学术成长和价值观深受他的影响。他是我的领导，学术成长的领路人，技术提升的指导者，生活的楷模；他的系统思想、战略思维、合作精神令我敬佩；他的做人、做学问、为人、做事值得我们永远传承；他对国家、对共产党无限忠诚。他教育我们要时刻站在国家、民族发展的角度考虑问题；无论是在和平时期，还是在动乱年代，他对事业的忠诚、执着从来都没有改变过。他心系教育，爱才、惜才，喜欢和学生们在一起。

担任所长之前，王越就认识到人才培养的重要性，他认为人才是单位发展的关键因素。担任所长之后他就着手所里研究人员的培养。1979年王越开始带研究生，206所没有硕士点，他就与中国科技大学沈凤麟教授合作培养研究生。

除此之外，王越还特别看重人品，他认为人才应该是人品和技术的完美结合。人品不好，技术再好也不能委以重任。

改善职工住房条件

西安地处中国南北气候分界处，冬天最低温度在零下七八摄氏度，宿舍没有供暖设施，感觉非常冷。在山里那些年，所里的同事、孩子们冬天冻得打哆嗦的样子，王越深记在心里。所以在206所搬迁建设时，王越决定为家属楼加装暖气，同时为未来晋升的高级工程师预建一批三居室的宿舍。家属楼建好以后，大家都很兴奋。当时，分配宿舍的规则是重年龄及行政职务，但因为预留了高级工程师宿舍，科研骨干也满意。外加临时拨出10套中等面积的宿舍破格分给少数具有研究生学历的青年科技人员。总体上，职工对搬入新址、新楼是满意的。搬家时，大家放鞭炮庆祝。预留房分给青年科技骨干也作为制度保留了下来。这样，搬迁、照顾科技骨干和逐步改善待遇，改变了在山区研究所老址留不住科技人员的状态。

据张冠杰回忆："按照正常的排队，我们这些年轻人中大多数是分不到房子的，我能住的只是一室一厅。但是他为了给这些骨干、优秀的人才创造一个比较好的生活、科研环境，打破常规留出 10 套新房，奖励给 10 个人。这个制度后来就一直延续下来。第二次盖房子再留 10 套，第三次盖房子再留 10 套。这样年轻人有盼头了，所里也就把人才留住了。今天我们这些人在他的关心培养下，也都成长起来，在火控雷达这个领域都能担当重任。"

除了给年轻骨干奖励房子外，王越还提出，所里的领导职务越高，越要住差一些的房子。他是所里的最高领导，所以他提出住最顶层，冬冷夏热，还时常漏雨。据包万正讲，他是副所长，所以分到了三楼，比王越家的楼层要好得多，那个时期王越身体不好，有时发病上楼都喘得厉害，所里的同志们看着真是心疼啊！王越带头这样做了，其他人也就没有怨言了。

王越一生恪守"己所不欲，勿施于人"的信条，所以在他担任主要领导期间，一些有利于单位发展的政策才能顺利实施下去。

被评为学部委员（院士）

因为在火控雷达研究领域的突出贡献，王越在 1991 年通过了层层评选，当选为中国科学院学部委员（院士），成为了当年兵器工业领域唯一的院士。

据王越回忆："1991 年当选中国科学院学部委员后，我并没有觉得很高兴，其实每次得奖，我都会扪心自问，我觉得并没有很兴奋、很高兴的情绪，自己的心情非常平静、淡远，每天继续忙着新型雷达的研制和问题的解决。公布结果后，所里的其他领导建议开一个庆祝会，鼓舞一下年轻的科技人员，于是在 206 所的主楼（科研楼）前开了庆祝会，我作了发言，强调所有成绩都是多人合作取得的，我个人很平凡。会上还有少先队员献了鲜花。"

20 世纪以来，工业生产的需要和技术科学的迅速发展使原来主要依赖经验积累的工程技术有了理论基础的支持与指引，各国科技界和决策层开始重视基础理论研究与工程技术的结合，纷纷

1991 年，王越在当选学部委员庆祝会上讲话

采取措施推动基础理论与工程技术共同发展，强化基础理论的地位和作用，有 20 多个国家先后建立了工程院、工程与技术科学院等最高咨询性、荣誉性学术机构。而在我国几十年来，随着国民经济和国防建设的发展，在各条战线上已经成长起一大批优秀的工程技术专家。我国科学家、工程技术专家和有关人士，曾多次就建立中国工程院的问题积极提出倡议。此后，在全国政协第七届五次会议和中国科学院第六次学部委员大会期间，不少政协委员和中国科学院学部委员又先后提出提案和建议，希望尽快建立中国工程院。党中央和国务院领导同志高度重视这些建议和意见，就建立中国工程院的问题多次作过重要批示。

1994 年初，党中央、国务院正式批准成立中国工程院，国务院批转了国家科委、中国科学院关于建立中国工程院的请示报告。李鹏总理在全国人民代表大会八届二次会议的政府工作报告中正式宣布了这一决定，这在全国科技界特别是工程技术界引起了很大反响，认为这是推动我国工程技术以及科学技术全面发展、促进优秀人才成长的有力举措。受党中央、国务院委托，在宋健同志的领导下组成中国工程院 45 人的筹备领导小组，王越被推选为筹备委员会委员。根据党中央、国务院批准的文件规定，中国工程院筹备领导小组委托中国科学院学部主席团，经过各学部酝酿、协商后，由学部主席团推荐后，再由工程院筹备领导小组全体会议审议、表决通过，确定 30 名工程技术背景比较强、具有一定代表性的中国科学院院士一并列入中国工程院首批工程院院士的名单，以体现现代科学技术相互交叉渗透的特点，密切两院的联系，有利于我国科学技术事业整体协调发展，由此，便产生了"双院士"。钱学森、王大珩、朱光亚、陆元九、宋健等均为双院士，王越也是其中之一。

7 科教兴国开新篇

- 花甲之年接任校长
- 教育不是产业
- 教学与科研并重
- 教书育人
- 创建信息安全与对抗专业，培育精品课程
- 校长的科研工作
- 平淡面对荣誉
- 和谐家庭

花甲之年接任校长

20世纪90年代初，随着经济体制改革的不断深入，教育体制改革也迫在眉睫。但在中共中央、国务院1993年2月13日印发《中国教育改革和发展纲要》之前，各高校的改革方向并不太明朗，似乎都是处于"摸石头过河"这样一个状态，北京理工大学的教育改革也同样处于这样一个迷茫的状态。北京理工大学的前身是1940年在延安建立的第一所理工类院校——延安自然科学院，因此国家对北京理工大学的发展极为重视，在"七五""八五"和"九五"期间它是国家重点投资建设的14所高校之一。为了提升北京理工大学的影响力，不断发扬学校在国防建设中的优势和特色，国家对北京理工大学新一任校长的人选作了慎重的考虑。1993年，国家人事部门委托中国兵器工业总公司领导张俊九与王越进行了一次保密谈话，希望他能接任北京理工大学校长一职。

此前，王越在206所担任所长已有20多年，科研事业的发展如日中天，科研成果也是屡屡获奖，然而在人生的关键转折点上，他听从组织的安排开始了由科学家到教育家的转变。有人猜测上级主管部门选择他来担任校长是因为他的做事风格。他笑言："我一直不是一个愿意单纯按照领导意愿办事的人，我更愿意按照科学规律办事！"

王越一直坚信要按照科学规律办事，而不是做一个循规蹈矩的人。曾经有两件事情给当时的领导留下了深刻的印象。一是关于206所的搬家问题，另外一件事就是关于306雷达系统争取外贸资金进行生产的事情。这两件事情足以体现王越坚持实事求是、不拘泥于形式的做事风格，正如他所说的："我认为按照规律办事比单纯按照领导意图办事更重要！"

在王越的思想里始终保持着做任何事情都要遵循事物发展的辩证规律的

原则，无论是谁也不能违反事物发展的规律。他为人处世的作风也给当时兵器部的领导留下了极深刻的印象，于是有了1993年兵器工业总公司的领导张俊九和王越的这次谈话。当时北京理工大学校长的任命权在国家人事部，由国务院总理签发任命书。张俊九是受人事部委托来和王越谈话的，谈话后张俊九给了王越三天的思考时间。

因为王越从1979年就开始指导研究生，所以他对教育也并非完全陌生。也正是因为有指导研究生的经历，使王越深切地感受到培养人才的重要性。经过三天考虑后，王越认为人才的培养对国家的发展更重要，于是决定接任校长的职务。对于王越的离开，他的一些老同事也曾好心相劝。

在206所科研、环境、人事各方面都非常成熟，工作轻车熟路，而在花甲之年到一个陌生的环境去开拓一个新的领域绝非易事。然而王越想得更多的是，国家给予了他如此多的荣誉，他就应该承担更多的责任，在国家和人民需要的时候，自己不应该考虑个人得失，应当挺身而出。于是在1993年王越就来到理工大学走马上任。从此王越开始了他的教育家的职业生涯。

1993年，王越的校长任命书

科教兴国开新篇　　141

—— 火控雷达专家王越的故事

为了没有盲区的天空

教育不是产业

20世纪90年代初，受改革开放的影响，一些市场经济的理论和行为也逐渐影响到教育领域，部分学校也曾出现过利用学校名义开办企业以及教师经商等现象。王越来到北京理工大学后，在第一次学校报告中就提出了他的教育理念：教育不是产业！他认为不能将经济领域的盈利规律用在教育事业中。王越认为，北京理工大学不能实行产业化的规律，学校要发展，首先应该总体定位在文化领域，成为重要的文化基地，发展传统优秀文化，从核心因素支持民族社会发展。当然大学要支援经济发展，理工科高校应从培养素质和能力兼优高层人才，以及按科学新发展观、新应用及原创技术创新来贯彻科教兴国政策。

1990年6月，国家教委制定了全国教育事业十年规划和"八五"计划，计划在"八五"期间集中力量办好一批重点高校，国家为了鼓励高等教育，要支持100所重点院校建设，这就是"211工程"。王越进入北京理工大学后的第一个任务就是要领导学校争取进入"211工程"。任职后他在和干部初次见面的时候就提出了这一目标。他认为，要想达到这个目标，首先要解决的问题是保证学校稳定运转，抑制因受市场经济的影响而在校园内盛行的"经商风"，提高教学和科研质量。然而，要保证学校稳定运转的前提就是要理念明确并改善教师的生活和工作条件。

20世纪90年代初期，北京理工大学教师的居住条件比较差，很多教师都住在筒子楼里。筒子楼房间的面积实在是太小了，通常为12平方米，最大的也只有16平方米，很多家庭都把煤气罐放在走廊做饭，楼道里拥挤不堪。在这么小的面积里用煤气罐和炉灶做饭存在很多安全隐患，一旦煤气泄漏、失火爆炸，楼里的人可能都会被困住，后果不堪设想。当时，北京的发

1994年北京理工大学"211工程"预审会议

展正在起步阶段,三环路还没修完,北京理工大学地处北京西北三环交界处,是交通繁忙、人口密度较大的一个地方,一旦这里发生火灾,造成的人员伤亡和社会影响可想而知。据当时的校长办公室主任苏青回忆,王越到任的当天下午就亲自到这些筒子楼视察,了解教师们的居住状况。看见筒子楼狭窄拥挤的状况后,王越非常担忧。于是他决定一定要改善这个状况,教师有了保障,学校的教育教学工作才能稳定。

王越非常感慨地说:"高校的教师不是企业家,不可能发大财,这是个规律,我们必须得承认。即使全世界著名的教授的收入和他在企业里成功工作的学生的收入也是没法比的。所以爱因斯坦有句名言,'不能让教师为抚养自己子女的面包而奔忙。'这句话我记得很清楚。我认为他这句话说到点上了,所以要让教师过上一种体面的小康生活。那我们怎么理解一个体面的小康生活呢?如果让教师一天到晚为钱所困,小孩上幼儿园都很紧张,这怎么能算得上体面和小康?但是,教师要有百万存款,恐怕也就是少数。"

1994年,王越在校党委会上提出一个安居工程,改善教师的居住和生活条件,得到了广大教职员工的赞同。安居工程分成若干期进行,1994年开始实施一期安居工程,1999年实施了二期安居工程。此后陆续解决了一些教师特别是年轻教师的住房问题,生活上的稳定为教师安心工作创造了条件,教师队伍基本上稳定了。

科教兴国开新篇 143

王越一直强调，高校是培养人才的摇篮，主要是培养人的素质和能力，因此教育事业的发展是一个百年大计而不是一蹴而就的事情。正是着眼于此，王越来到高校后提出要发展校园文化，树立北理工的精神。经过一系列的整顿，校园恢复了平静，再加上教师队伍的稳定，学校的管理工作逐渐开始进入良性循环，建立起了具有北理工特色的校园文化。这些都为北京理工大学首批进入"211工程"院校奠定了基础。

教学与科研并重

年近花甲的王越担任校长后,并没有只专注于管理工作,而是和普通的教授一样开始了教学和科研双重工作。在科研方面继续从事他所热爱的雷达领域的研究,并定期与国际著名研究机构进行学术交流,保证研究的先进性。

1995年,王越访问英国皇家学会时与副会长合影

在教学方面,他同时担任了本科生、硕士研究生和博士研究生的教学工作。他认为教学与科研是相辅相成的,二者同样重要。高校的责任不是生产,主要是教学、培养人才和从事基础和应用基础研究,也可以从事前沿的应用研究支持企业技术创新。但教育是培养人才和科研的基础,不能重科研、轻教育教学工作。

对于大学的科研工作王越讲述了他的观点:大学里的科研跟工业部门和研究所的科研是不一样的。大学做不了批量生产产品,在分工上,大学也不应该做这项工作,而是主要从事基础、应用基础和前沿应用研究工作,从而由更深、更广的角度支持国家创新发展。因为世界上所有的技术创新主体在企业,这是规律。科学的应用有创新,而科学本身是没有创新的,只有发现,发现前所未知的科学规律。科学规律、科学本身没有创新,但是科学发展方向可以提出新概念,定新方向,这是创新。……基础研究是纯理科研究的范围,不需要大量的人,人海战术没什么效果。我个人认为,要精兵强将,支持力度要足够,而且更需要的是一种人文精神和科学精神的结合。因为做纯科学和基础科学研究,失败是大量而又普遍的,因此这种研究是寂寞而艰苦的,需要研究人员淡泊名利、不计个人得失。同时,国家不能用急功近利的方式对待基础研究。只要尽了全力就应不怕失败!

王越从教育发展和学校职责的角度考虑,认为北京理工大学应结合理工科的优势,发展自身的学科特点。他提出要提升应用基础研究,这恰好符合理工大学的学科定位,实现理工结合。1997年,北京理工大学成立了科学技术学院实体,为加强其发展,于2002年6月在院系重组中正式更名为理学院实体。它包括数学系、物理系、化学系、力学系四个系和化学物理学科特区,理学院的定位重点是应用基础研究。

理工结合说起来容易,但是实现起来很难,因为理工学科各自有不同的思维方式,要转换原有的思维方式和概念不是一朝一夕的事情。王越说:"我们的研究团队里头有学数学的,将数学应用于工程能发挥很大作用。但是数学思维和工程思维是不一样的,必须要有一个融合的过程。所以理工结合,

1994年,王越访问美国麻省理工学院(MIT),与浦以康的导师Bruno Coppi在其书房交谈

第一是要有科学的思考和逻辑推理的能力，工科学生，尤其是重点学校的工科学生要具备上述基本的能力。第二是基础要打好，同时面上还要拓宽研究方向，针对一个产品来设一个专业是不对的，必须面对学科，而且学科发展快、涉及面广，所以必须要做教学改革。对于理科出身者，首先不能坚持'理科纯理论完备之上'的观点，而应面对实际找出可行并可用的理论和方法。"

自从王越到北京理工大学任职后，科研工作就从大量地做产品的研发转向了应用基础研究。他认为教学与科研应和谐对立统一，教学和科研的结合是创新的源泉。教学和科研活动紧密结合，相互促进，相辅相成，这既是保持教学活动的活力和魅力的源泉，也是推动科学研究不断进步的重要途径。因此，王越在日常的教学过程中将科学研究工作和教学工作有机结合起来，不断引入学科前沿的理论和技术内容，把科学研究所取得的最新成果转化为教学内容，让学生特别是优秀学生始终能够站在科学研究的前沿来思考问题。王越比较喜欢与学生交流，他觉得教学科研的结合反

2001年，王越等人获国家级教学成果奖一等奖的证书

过来也会促进教师不断思考，获取意想不到的科研动力和灵感。王越说："由于学生的思想比较活跃，对一些问题的看法和思路反过来会推动科学研究的进展。"正因为如此，王越特别喜欢那些积极思考、愿意给老师提出问题的学生，在他看来，科学精神中有两条很重要，第一条是科学的大胆怀疑，第二条是平等的自由讨论，只有这样，科学才能不断发展进步。其实他本人作学生的时候也是一个经常给老师出"难题"的人，正因为他勤于思考的精神才为后来的成功奠定了基础。他说："教师最大的心愿就是培养出超越自己的学生，青出于蓝而胜于蓝，是教师最本质的愿望。"

王越进入北京理工大学后，在科研和教学两个领域都不断追求创新，取

1994年，王越向王大珩请教技术科学发展问题

得了很多成就。他先后承担了 7 项学术研究课题和 11 项教学研究课题。

2003 年 7 月，王越正式申请将自己的正高级专业技术职务由原来的研究员转为教授，他在近十年的时间里逐步从科研领域走向了教育领域，完成了从科学家向教育家的角色转换。

教书育人

进入高校后，王越越来越多地接触了实际的教育工作，如教学、教育体制改革、创办新的专业、编写教程等。同时作为校领导，他需要从整体的角度来制定学校的发展方向。长期的雷达研究使他善于从总体的角度来分析问题和解决问题，针对中国的教育发展，他认为中国的教育应该分层次，不同层次的教育要有明确的定位。因为人是一个复杂的个体，要想成才必须因材施教。他认为高层次的院校不宜规模太大，应该少而精，因为能够最终成为拔尖人才的本来就是少数，如果大批量的都是"拔尖人才"，那也就不能称之为拔尖了。他认为高校工作的重点是提供一个良好的培养人才的环境和文化氛围，但我国在"985高校"的精力投入还不够。

王越说："现在我就感觉到国家对'985高校'投的精力还不够。我知道国际上有一些著名的一流高校对本科生从大一开始，就有一个全职教授做他的顾问，关心他的学习成长，当然一个教授可带数个学生，这种做法中国做得到吗？清华能做到吗？北理工能做到吗？我们有多少全职教授从事教学，直接面对学生学习成长？（国外）那些教授也做科研啊，但不脱离教学教育。我们的教授以千为基数，教授上完了课，固定助教有多少？讲完课之后的辅导除实验课外投入还够不够？"

由于王越一直强调要教学科研并重，因此不赞成教授只做科研不上课。在国际上大多高校要求教授必须上本科生的课，特别是在国外这方面的执行力度比较大。但是在当时国内并没有硬性的要求，因此很多高校的教授，特别是在科研第一线的大教授，由于承担了很多科研项目，基本上不再担任本科生的教学工作。王越则是一个例外，他承担了多个国家项目，但是从他来到北京理工大学起就很重视本科生的教学工作，同时认为本科生的前沿专业基础课很难教好，需认真准备。王越认真备课，一直坚持给本科生上专业基础课。

现已八十多岁的王越，依然承担了很多教学任务，有本科生的、硕士生的，也有博士生的。他承担的课程主要包括：博士研究生的基础课《系统理论与人工系统设计导论》，硕士研究生的学位课《信息系统及安全对抗》，本科生的专业基础课《信息系统与安全对抗导论》。虽然对这些课程他已经有很多年的授课经验了，但是每学期开课的时候他都要重新备课，亲自写教学笔记、加入新教学实例。

由于王越从事的科研工作属于保密性质的，因此他的保密意识很强，平时工作他几乎从不用电脑，都是手写讲义，然后让他的秘书协助做成多媒体的幻灯片。他在备课时会针对不同的学生适当调整课程内容，特别注重在课堂内容中增加一些新案例，比如在讲授信息系统安全与对抗的应用时，他分别用雷达抗干扰的例子、通信系统安全与对抗的例子、计算机网络的安全与对抗的例子来分析，通过分析引导学生利用系统的观点、总体的观点去思考安全和对抗中的关键问题。此外，他经常将一些具有现实意义的例子增加到课程中，比如他在多活性代理的应用分析时，增加了汶川地震的案例。在2011年几次讲解多活性代理组织信息系统应用时，他根据2011年发生的高铁追尾事件增加了高速铁路列车安全运行末端辅助驾驶系统的例子。

王越在课程中增加的内容很多都是当时新闻时事中受关注的一些问题。他讲的这几门课程都是以现代信息系统理论为核心，具有很强的理论性，不容易理解，但是通过一些案例的分析可以使这些理论有了现实应用的依据，有助于对总体系统论的理解，这种深入浅出的教学方式，深受同学们的好评。尽管如此，这门课程还是有难度的，因此即使认真听讲、深入思考的学生也未必能得高分，上过王越课的学生都说，考试很难得高分。

王越在高中时候受到了良好的国学教育，他对于老子的一些道家传统文化精髓有很深刻的理解，更难能可贵的是，他总是能够将这些传统文化精髓和国防安全、军事对抗的实际问题相结合。王越在论文《复杂信息系统构建的新方法——多活性代理方法》中提到反其道而行之、相反相成的理论，实际上这是在信息系统安全对抗理论课程中提出来的一个延伸的原理体系。这个基本概念是老子在哲理中早就提出的，王越使它更加形象化，并且在讲课的时候将我国古代的传统文化思想精髓和现代的军事思想联系起来，便于学生们理解。

对待学生，王越非常耐心，特别是对于那些敢于提出问题的学生。学生的作业和提出的问题他都是亲自批改解答。有时候审阅学生们的结课论文，王越不仅批改，还亲笔回信，一一提出详细的修改意见。

王越说他热爱教育事业。有人不理解王越为什么对教学工作如此热衷，曾问他说："即使是上课也不用上这么多啊？"他很幽默地回答："我喜欢教学，除了责任之外更多的是喜欢，而且因为我有课可以推掉很多应酬！"

上一年课容易，一直坚持在教学岗位长年上课却不是一件容易的事，更何况他已经是80多岁还要上课，是什么让他坚持了这么多年的教学工作呢？他说："责任！因为我感觉到大学本科的教育是非常重要的，当然我没有教一二年级的课，我教的是专业基础课，是三年级的。但是整个大学本科阶段对学生的影响是非常重要的。因为大学生正处于少年和青年的交界处，17岁还不是青年，这是人生中间生理上的一个节点，非常重要。18岁就变成公民了，变成一个青年，也是进入社会、人生观形成的一个客观上非常重要的时期。本科的教育是未来发展的基础，基础必须要打好。大学教育是讲发展规律，讲过程，而不是讲具体的细节。譬如，初等数学只是讲具体的方法，而高等数学从数学分析开始，讲极限、连续函数……最基本的概念都是变化的过程。进一步说，事物存在于运动过程这个概念，是要在大学里奠定的。高

王越给学生王崇的回信

科教兴国开新篇

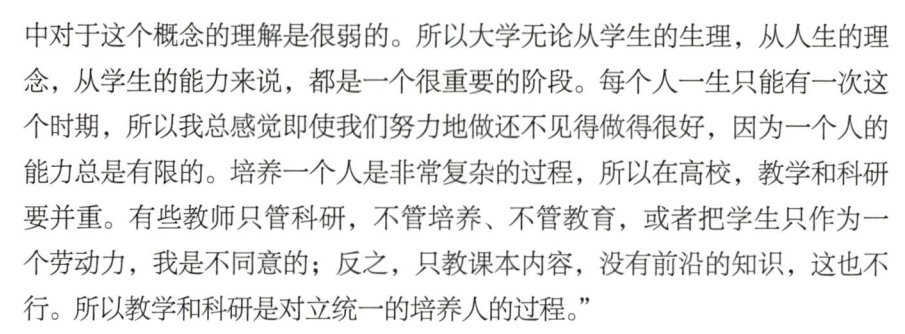

中对于这个概念的理解是很弱的。所以大学无论从学生的生理，从人生的理念，从学生的能力来说，都是一个很重要的阶段。每个人一生只能有一次这个时期，所以我总感觉即使我们努力地做还不见得做得很好，因为一个人的能力总是有限的。培养一个人是非常复杂的过程，所以在高校，教学和科研要并重。有些教师只管科研，不管培养、不管教育，或者把学生只作为一个劳动力，我是不同意的；反之，只教课本内容，没有前沿的知识，这也不行。所以教学和科研是对立统一的培养人的过程。"

重视基本素质的训练，强调理论基础与应用结合、教学与科研结合是王越培养人才教书育人的重要特点。关于教育理念，王越到北京理工大学工作后有很多的感触，他认为在培养学生方面应该注重素质教育，重视传统文化教育。虽然现在社会中也许更急需应用型的人才，但是他认为，只有应用型人才是不够的，尤其是在科技中要有新的发现、新的引领，必须要将人文精神和科学精神相结合。

他在谈高校发展及在科学研究中的定位问题中提出，弘扬中华优秀文化和培养高层次人才是高校永恒的主题，对于理工科高校要通过教学和科学技术研究的有机结合来实施。在国家创新体系中，技术创新的主体是企业，而高校和国家科研单位是科技领域的生力军，这意味着高校应有别于企业。在科技方面的研究课题内容应早于、深于、宽于企业，从事的领域应更多侧重于应用基础研究或应用研究，而不是过多地从事具体产品"研发"和生产工作，这样才可以更好地实现产学研结合，支持经济发展。在科学技术研究中，应特别注意各领域的"技术科学"的引领作用，它是科学和技术的有机结合。其科学剖面内涵是解决技术发展难题的科学原理和路径，提供有科学依据的新技术原理方法，所以"技术科学"是取得重大技术创新的核心要素。我国著名科技专家对此多有论述，中国科学院向国务院提出建议，大力强调我国技术科学发展具有重要意义。弘扬发展中华优秀文化和培养高层次人才（教师发展和学生培养）还应融入高校的科研工作，因为一个国家、民族进步的核心因素是其文化的发展，二者相融合的切入点是人文精神和科学精神要相结合，在科研和人才的素质和能力培养中实践和贯彻。人文精神激励人自强不息，追求品德的高尚，淡泊名利，克服困难，追求真理和人生价值，而科学精神是对问题科学大胆怀疑，努力探索科学技术"所以然"的规律，因此二者的结合有助于教师以身作则，投身教育事业并在学术上不断进步，也使学生在学习中科研能力和素质同步提高，为承担振兴中华的重任做充分的准备。

教育部在 2003 年设立高等学校教学名师奖，每三年评选一次，每次评出 100 位教学名师。获奖教师不仅要在学术研究中取得突出成就，而且要主动承担本专科基础课教学任务，努力探索教育教学规律，采用启发式教学，将培养学生的社会责任感、实践能力和创造精神融入整个教学工作中，在引领教学内容、方法和手段改革、创新课程教材和教学模式、创建合理教学梯队等方面做出突出成绩。在高度的社会责任感的驱动下，王越不断探索教学规律，改革和创新教学方法，于 2006 年荣获第二届教学名师奖，2006 年 9 月 9 日，也就是教师节的前一天，王越参加了在人民大会堂举行的第二届教学名师奖表彰大会，并受到温家宝总理接见。

人文精神对王越的成长一直有着非常重要的影响。在抗日战争时期，他生活在沦陷区天津，强烈的民族主义精神激发了他的爱国热情，当他知道利用短波可以收到重庆、云南以及太平洋上发来的敌人溃败的消息时，对无线电产生了浓厚的兴趣，也激发了他学习无线电、振兴国家的决心。在大学期间，他在毕德显教授的影响下，培养了一丝不苟的科研精神；他勇于怀疑和提出问题，经常给任课的老师出难题，这种大胆的怀疑精神为他在后来的雷达研制工作的成功奠定了基础，比如在 201 空载雷达的研制过程中，他发现苏联提供的图纸中的一些错误以及与我国当时元器件生产不匹配的参数，于是对整个系统进行了修改和调整，最终成功地完成了 201 系统的研制。人文精神和科学精神的结合在王越身上得到了明显的体现。

创建信息安全与对抗专业，培育精品课程

　　信息系统对人类社会日益重要，人们对它的依赖性越来越强，但同时也带来了信息安全问题。信息安全问题大到影响国家政治的稳定、经济的繁荣、文化的发展和国防的建设，小到影响每一个计算机用户。为适应未来信息安全发展的需要，王越在北京理工大学率先论证提出申请在武器类专业中增设"信息对抗技术"专业，1998年得到教育部批准。北京理工大学成为首批成立"信息对抗技术"专业的四所院校之一。在实力雄厚的武器类各专业、信息类各专业发展的基础上，北京理工大学依托国家级重点学科"通信与信息系统"和"武器系统与运用工程"，2000年正式招收"信息对抗技术"专业本科生。2003年，又建立信息与通信工程一级学科下的"信息安全与对抗"二级学科，并开始招收博士生。2004年又增设硕士点。北京理工大学多年来源源不断地为国防建设和社会发展培养和输送高素质的信息安全人才。

　　"信息安全与对抗"这个名称是从军事战争的概念引申过来的，"安全"指正面的不受损失的过程和结果，"对抗"指包括"进攻"地战胜对方的激烈斗争的方法过程和达到"安全"的效果。"知己知彼，百战不殆"，这是孙武在2500多年前提出的，王越曾将这个理论应用在以往的雷达设计中，因此对于"知己"和"知彼"有很深刻的理解。他认为，信息化不过就是用现代信息化的科技、信息化的系统来"知彼"，比如卫星、雷达这都是信息科技、信息系统，都是"知彼"的手段。国防战争本质特征是对抗，一方要"知"，对方就必然不让你"知"，这是战争的性质所决定的，所以，信息化

的社会、信息化的战争、信息的安全和对抗必然是一个重要的问题。

王越和他领导的教学团队从国防建设需求出发,向学校建议尽早设立信息安全与对抗专业。信息安全与对抗专业实际上是在信息领域上设立的一个新专业,它和电子工程、信息技术、计算机领域都密切相关。王越在2008年人民网的《专业导航》栏目中详细地介绍了创立这个专业的缘由。信息安全与对抗专业的形成是最近几年的事情,但是从科学研究的角度来看其实是由来已久了,因此也是社会和人类发展的必然。他举了一个例子来说明这个问题:第二次世界大战期间,美国打败日本的中途岛进攻。当时美国的海军太平洋舰队的力量是日本联合舰队的1/8左右。珍珠港事件中日本偷袭了美国的太平洋舰队,美军损失惨重。正是由于美国注意到通信中间的安全,用人的智慧,加上技术的方法,破译了日本最机密的密码,得知日本将要进攻中途岛,所以美国提前做了准备,但是日本不知道美国已获取情报,所以中途岛战役日本吃了一个大败仗。这说明,信息安全的问题,实际上是一个社会或者国防军事斗争过程中必然存在的一种矛盾,而且越来越尖锐化。随着信息科技进入到社会,进入老百姓的日常生活和千千万万之家,这个矛盾就随着社会的进步而激化了。所以王越认为这个专业的创立,首先应该是社会和人类发展需要的一种必然。

目前,国内的很多重点高校,比如哈尔滨工业大学、北京邮电大学、北京航空航天大学等,都开设了信息安全和对抗专业。国外对这个问题也很重视。但由于是国防类专业,在这方面的教育教学各个国家都是比较机密的,并且是个敏感的问题。从现实的应用角度看,这个专业并非只用于国防科技方面,它在高端技术方面也有比较广泛的应用,而且也涉及普通人的生活,日常生活中的衣食住行都有可能用到信息安全与对抗的知识,比如现在普遍存在的手机短信诈骗、银行电子商务交易的诈骗现象等。

在建立了信息安全与对抗专业后,北京理工大学利用原来的微机应用实验室、通信系统实验室、信号处理技术实验室构建了信息系统及安全对抗实验中心,形成并构建了一支包括王越在内的以多位经验丰富的教授为主力、结构合理、具有较高学术和教学水平的"信息系统及安全对抗"理论与实践教学团队,这个团队中有院士、国家杰出青年基金获得者、北京十大杰出青年、教育部创新人才奖励计划获得者等。他们从专业特点和学生学习的规律出发,特别注重理工结合,开设了信息系统安全与对抗导论课程。对于课程

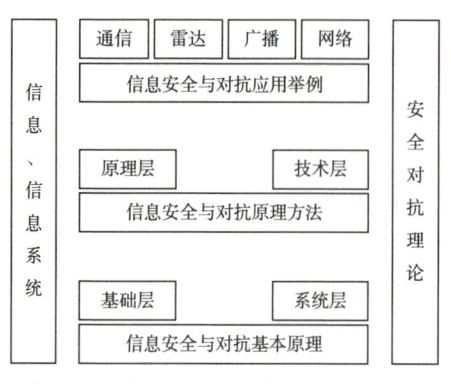

信息系统与安全对抗理论课程框架

体系的设计，王越和他的教学团队主要综合了三方面的主要问题，即教材性质的定位、课程内涵的构成和课程框架内容的具体化。

将信息系统与安全对抗课程的课程目标定位于由基础课到专业课的过渡，通过学习让学生不仅掌握信息安全对抗的基础知识，而且要从更深、更高层次认识理解和掌握信息安全与对抗科学技术领域的核心概念、原理、思想和方法，并以动态发展的观点对后续课程形成高屋建瓴的认识，全面推进后续信息安全对抗领域知识的专业教学。课程内容基于普适性安全对抗模型，从信息系统固有的普遍规律和矛盾出发，辅之以系统安全与对抗的实例，采用定性基础上的定量分析综合方法，在发展进程中根据时间的相对性，将基本理念自然地、科学地联系延伸到具有普适性的信息安全和对抗领域的原理和方法中。

这门课程的教材定位于学生"培养类"而非"训练类"。"培养类"教材通常应具有国际上大学的核心课程内容。科学技术领域的核心课程，主要是培养学生进行科学思维，建立运动发展观点，获得掌握知识及解决问题的能力。"训练类"课则是具体传授知识，为学生求职做准备，这类课讲究实用，但不可避免地要及时调整内容，比如信息领域计算机应用技术课就是最为典型的"训练类"。

王越认为针对重点学校，电子工程系的信息安全对抗专业的基础性核心课，应定位在"培养类"，同时兼顾利于学生适应信息领域工作所需的基本概念和基本规律等多方面的内容。在2004年校级精品课程的评审中，毛二可院

"信息系统及安全对抗"教学团队（2008年5月21日。左起：苏京霞、张笈、高平、罗森林、王越、王耀威、石秀民）

士和胡光镇院士都对这门课程教材的性质定位给予了肯定。

毛二可院士说:"王越院士主讲的'信息系统与安全对抗导论'课程内容定位于'培养类',主要是培养学生进行科学思维,建立运动发展观点,获得掌握知识及解决问题之能力,这个思想是非常正确的,对推动教育改革起了促进作用。"

北京市高等学校精品课程奖证书

胡光镇院士说:"我很赞成课程的内容主要定位于'培养类',培养学生的科学思维和发展观点,使其获得知识,掌握技术后能解决实际问题。培养出有创新思维、理论与实际相结合的专业人才和精通业务的决策者。这正是我们国家所急需的,这样才能适合现代化要求,与国际接轨。因此,课程的定位是正确的。"

2006年,王越领导的教学团队在信息系统概论课程的基础上,增加了信息安全对抗内容,通过精心准备、认真论证,完成了著作《信息系统与安全对抗理论》。随着课程体系的完善,目前已编写了一系列较为完善的教程,包括核心理论和实验两大部分。自从信息系统与安全对抗这门课被评为精品课程后,北京理工大学建立了精品课程的网站,定期发布一些课程作业、课件、上课的视频录像等内容。

尽管已经做了充分的课程设计,但是信息系统与安全对抗理论这门课程的

《信息系统与安全对抗理论》书影

讲解仍然和学生的理解有很大差距,可以说这是一门比较难学的课。王越在讲授这门课的时候首先从现象入手,通过矛盾的分析来解释安全和对抗之间的关系。

系统理论在这门课中是非常重要的,但是它比较抽象,不好理解。如果按照实际应用分门别类地讲解可能涵盖的内容又非常多,而且无论如何都不能覆盖得很全面,对于将来学生的实际应用不利。因此,在开设这门课程

科教兴国开新篇

157

王越与 2008 年全国大学生信息安全技术专题邀请赛参赛者合影（左三为王越）

的时候，王越更注重让学生理解概念，建立整体的系统观。他给学生举例子："譬如说，出去做一个具体的工作，你碰到一个很大的信息系统出了故障，那不是具体对某一个什么防火墙做一点入侵的分析，而是从整个系统出发来分析这个故障。具体知识很重要，但是要把具体知识集成为一个整体来考虑。"

除了提供教材、实验指导书外，整个教研组还注重其他环节的实践，为学生提供更为丰富的扩充性资料，主要是提供网络服务和提供多方面的专业知识，包括基础知识、重要网站链接、论坛、讲座、系统升级、软件下载等。特别是通过技术竞赛活动"普及网络安全知识、创建网络安全环境"的效果非常突出，有 600 多人参与到首届竞赛中。王越为培养学生不断追求更好的方法、更高的境界，一直组织和推动"全国大学生电子设计竞赛"的工作，并担任组委会主任。

据王越介绍，早在 1994 年就已经有了大学生电子设计竞赛，只是那时候还没有开设这门课程。当时开展这种实践，其目的就是要把理论和实践结合起来。在此期间王越曾和一些外企的高管有过一些谈话，让王越感触很深。有一次他们一起聊天，一个人开玩笑地说："你们到我们中国来设立分公司的研发部，你的人工成本占了很大便宜，因为中国人力比较便宜"，但未曾想到那些高管却反驳说："是便宜，但是你们中国的大学生到我企业来以后，虽然基础比较好，但是实际动手能力比较弱，我公司还要下很大的工夫去培训。"类似的话有好几个企业说，王越当时是觉得无言以对。

王越认为这个问题其实可以从两方面看，人也不可能全能，有的人可能是工作上手快，但是可持续发展的潜力不一定好。譬如说，工学院学计算机软件的学生出去工作，很快可以上手，但是软件方面重要的科技人员和科学家不一定都是学计算机出身的。几位中国科学院院士都是学数理出身的，包括王选[1]院士，他原本不是学激光照排，而是数学力学系出身，但是他依然可以在激光方面有所建树。所以他觉得有时候理科的学生上手虽然慢，但是可持续发展的潜力很大。同时存在矛盾的一面，企业是很务实的，出钱请人就是要高效率工作，支持企业获得利润。但是从总体来看，王越觉得理工科的学生确实有缺乏实践的弱势，因此需要更多地将理论联系实际。所以后来在上级领导的支持下，在大学生的电子设计竞赛的工作中王越强化了基础知识与动手实践紧密结合。目前这个竞赛面向不同层次的学生，其中有本科生和高职学生。高职学生目前在社会中有很重要的作用，在技能方面很多大学生可能还不如高职的学生，所以大赛也为他们提供了一个宽广发挥的空间。

现在大学生电子设计竞赛有三个邀请赛，一个是和英特尔公司合作的嵌入式系统的邀请赛，主要是面对重点学科学校、有研究生院的学校、在信息领域很强的学校，都是非常出色的学生。英特尔公司提供最先进的平台给学生，让他们做三个多月到四个月，由学生自己构思、自己命题、自己设计、自己制造、自己调试、自己演示。另一个就是信息安全技术的邀请赛，它从2004年北理工将首届信息安全与对抗技术竞赛组织成功后，由校级走向了全国，同样是面对信息安全学科领域学生的邀请赛。第三个是模拟和数字混合器件的全封闭邀请赛。混合器件在信息系统中占有很重要的地位，因此，组织学习好的学生参加邀请赛很有必要。所以，整个竞赛是面向不同的对象、不同层次的学生，目的是支持教育发展，支持课程体系建设，将基础的知识和实践动手能力结合起来。经过一段时间的教学实践，信息系统与安全对抗

---

[1] 王选（1937—2006），江苏无锡人。中国科学院院士，中国工程院院士，第三世界科学院院士，汉字激光照排系统的创始人。他所领导的科研集体研制出的汉字激光照排系统为新闻、出版全过程的计算机化奠定了基础，被誉为"汉字印刷术的第二次发明"。王选因在计算机应用研究和科学教育领域里的重大成就，1991年获国务院特殊津贴，1995年获联合国教科文组织科学奖、何梁何利科学与技术进步奖，获2001年度国家最高科学技术奖。

理论这门课程受到全校师生的普遍好评，特别是亲身经历过的本科生都感触很深。

  精品课程的创立是王越从事教育事业以来的一个重要成果。2006年，王越在教学改革、创建信息安全与对抗专业、成功地创建精品课程以及开展"大学生电子设计竞赛"等诸多方面取得成绩，被评为国家级教学名师。如果说被评为院士是对他科研领域中取得成就的最高肯定，那么国家级教学名师则是对他走入教育领域中取得成就的最高肯定。然而，当问到他如何看待这个名师奖的时候，他说："很高兴，但是这不是我一个人努力的结果，是一个团队共同的成绩！"

校长的科研工作

王越一直提倡教学与科研并重，因此自接任校长后，他依然承担了很多科研任务。他非常关注科技前沿发展的动态，大家可以经常在他的办公桌上看见中英文版本的《中国科学》或者是英文版杂志 Nature。他认为把握科技发展的前沿和动态更重要的是从纷繁复杂的现象中找到事物生存发展的规律，系统理论实际上就是矛盾对立统一规律在系统中的表现，而关注国际前沿不光要关注具体的解决方法，还要注重别人的思路，将具体的思路上升到理论层次。在北京理工大学信息与电子学院，以王越为学术带头人的科研团队最大的特点都是教学与科研并重。2009年，王越带领的科研团队被评为国防科技创新团队。

国防科技创新团队授牌仪式及团队成员合影（2008年12月。前排王越；后排左起：单涛、陶然、刘志文、罗森林）

提出多活性代理理论

在北京理工大学期间，王越取得了很多成果，其中最为重要的是提出了多活性代理理论。早在王越任206所所长时，就在考虑将火控雷达系统的研制上升到一个理论层次，通过理论的提炼和抽象来指导实际的系统研制。从20世纪70年代到80年代的十多年的实践中，他一直在摸索实践经验，并将其上升到火控雷达设计理论。到北理工之后，他又开始了理论研究的第二个时期。

多活性代理理论最早是在2003年提出的，这个理论提出的目的就是要在系统设计的时候考虑到它的活性或是持续功能发挥的问题。王越在火控雷达系统设计的经验是多活性代理立论形成的基础，然后引入基础理论，利用数学的方式将这个活性代理理论的内涵表达出来，最终建立一个较完善的理论体系。

"代理"这个词在计算机领域应用很广泛，它的内涵是其内部封装了一些使用者不必详细关心的属性和操作，可以完成事先制定的任务，同时又有一定独立"决策"和"行动能力"，能够主动采取一定的手段方法预测、适应乃至积极地寻找途径来完成委托的任务，也就是对应系统理论所要产生的新运动序必须远离平衡态的结构调整，新序表达在环境明显变化下继续发挥功能。多代理的概念则是在各种代理间进行代替程序之间的接口，从而简化执行复杂任务时人与程序之间的操作界面，这样，将多代理用于分布复杂系统中，既可以利用它来承担复杂的任务，又可以减轻人介入分布式环境中人与系统交往的约束强度。王越提出一种基于多活性代理方法来解决强对抗、强约束条件下复杂信息系统的构建思想，尽可能切合实际地以动态活性特性来表征复杂信息系统的功能并延伸系统理论的应用。

多活性代理的理论渊源是对耗散自组织理论的一个延伸。现代系统理论的很大一部分核心就是普里高津[1]和哈肯[2]提出的耗散自组织理论，普里高津认为只有在非平衡系统中，在与外界有着物质与能量的交换的情况下，系统内各要素存在复杂的非线性相干效应，并不断排放出内部不可避免产生的

---

[1] 伊利亚·普里高津（Ilya Prigogine，1917—2003），比利时化学家、物理学家。1945年在比利时布鲁塞尔自由大学获得博士学位后留校工作，两年后被聘为教授。他主要研究非平衡态的不可逆过程热力学，提出了"耗散结构"理论，并因此于1977年获得诺贝尔化学奖。

[2] 哈肯，德国物理学家，协同学的创始人。1927年生于德国，1951年获埃尔朗根大学数学哲学博士学位并留校任教，1956年任理论物理学讲师。1960年任斯图加特大学理论物理学教授。主要从事激光理论和相变研究。

熵（废弃物）才可能产生自组织现象，并且把这种条件下生成的自组织有序态称之为耗散结构。这是个从物理角度提出的非常基础的理论。王越一直提倡在重点的理工科学校或者是在应用基础层要做一些理论基础研究，使应用基础层进一步延伸更联系实际。通过总结多年来的科研经验，他提出了一些与实际信息安全相关的关键问题，一个就是在信息安全中建立一套信息安全对抗的原理模型，另外一个就是要将建立模型提升到与系统理论结合，做基础理论的抽象和延伸。重点就是延伸普里高津的耗散自组织机理，加入现实客观环境的影响，考虑其实际"存在"情况，称为活性自组织机理。他认为，耗散是一个过程，所以耗散自组织物理应该是有条件存在的过程物理。

在谈到这个理论时王越说：自组织特征在日常的环境中并不是永远都保存的，有的时候它会死，这个自组织机理会丧失。为什么会丧失？因为有环境变化，有对抗，有矛盾。所以我们在概念上，把这个自组织理论推到活性，就是它能够生存，能够发挥正面作用，预定的正面作用。因为在现实中信息系统弄不好往往就产生负面的影响。譬如，如果把假的信息当真的，不但没有得到需要的重要信息，反而被对方骗了。再比如现在的民航售票系统，完全靠信息系统，人工逐渐地退出，万一信息系统出问题，如果没有相应的应急措施民航就要大乱。这就是负面影响。

王越认为自主组织理论所论的系统包括各种人工系统，它的自组织特征并不是绝对的，而是相对的，所以他提出一个"活性"的概念，目的是要在预估这个环境时，要让自组织特征发挥正常的作用，不能消失，不能走向反面。这就是自组织机理推到活性这个概念的过程。

将延伸后的活性理论应用于当前的实际中可以解决很多问题。王越利用真实环境中处理人工系统的过程讲述了多活性代理理论的应用。

处理人工系统有几个原则：第一个，要分析、分解和综合并重。过去没有复杂系统的概念和理论，分析一个问题是越分越细，掌握它的规律。光掌握规律还是不够的，还要把它翻过来，这些规律要集成起来发挥作用，所以必须要分析和综合相结合，这是一个思维规律，也是让系统发挥作用必须具有的一个功能。第二个，必须定量分析和定性分析相结合。第三个，要人机结合。一个人工系统的自组织特征是人事先设计好的。在复杂环境中机器是没有思维的，它不可能很好地适应环境。所以要人机结合，因为人类社会是人主导的社会，人是人工系统的主导。把这个系统分成若干个部分，分解到每一个部分都有一定的执行任务的能力。有这个能力，就可以叫它代理。代理什么呢？代理人完成一定的任务。这个名词在计算机中间已经在广泛使用了。代理这个概念不是我们首先提出来的。但是把系统用多个活性代理来表征，这是我们提的。根据第三层的这几个原则，就是分析和综合结合，定量和定性结合，人机结合，那么我们就把它分成由多个代理组成的一个系统。它有专门执行某些任务的代理，然后再有管控代理，再有为应用服务的代理。这样形成系统综合性能就会包含四个层次：首先是自组织特征的活性推广，就是在环境变化时，有一定的适应能力。增加活性也就是增加它的生命力，这就是上面的第二点的突破点，即把自主之特征推到活性自组织之特征。然后第二层，代理之间可以协商。这是基于逻辑规律或简单的专家系统都具有的特性。第三层次，就是有管控代理。因为所有代理都是平权的，凭什么说我来管你呢？那么按照逻辑规律可以协商。但是碰到矛盾时候，它是平权的，如何处理？这时候就需要更高一个层次的管理也就是要管控代理，授权来管理。管控代理是代表系统层面用来协调矛盾的。当然管控代理基本规律也是基于逻辑规律的，是比较复杂一点的专家系统即人工智能系统。这就是第三级的综合。最高一级的综合，就是管控代理，作为管理员的决策支撑，最终由管理员来决策，也就是人。这就好像作战时的司令官，侦查员提供很多信息，最终是司令官下决心、下命令。在对待复杂的对抗环境中，用这么一套体系结构就等于把基础的理论搭一个通往应用基础上的一座桥。复杂的环境中自组织特征是要变化的，就要考虑在环境变化中自组织特征的动态保持性能。如果保持了，功能就保证了。所以要不丢失、不走向反面，甚至在对抗环境中信息系统不被对方消灭。这就是将自组织概念延伸到活性自组织概念结合应用产生的根源。多活性代理的核心是活性自组织机理，然后贯彻到多活性代理系统设计中，所用系统方法主要有：分解与综合相结合、定量分析与定性分析结合、人机结合。在人工系统设计中，可以分解为设计一个个代理，再将一个个代理进行协调，那就是一个综合的过程。最后是以人为本的人的策划、人的介入。

利用多活性代理的理论，王越提出了构建复杂信息系统的新方法，并在2006年中国工程科学的院士论坛中发表了论文《复杂信息系统构建的新方法——多活性代理方法》。这篇论文以系统理论为指导，借用多代理技术的思想，针对强对抗、强约束条件下复杂信息系统的特点，提出了复杂信息系统构建的一种新方法——多活性代理方法（multi living agent method，MLAM）。同时还在系统层次上指出了基于多活性代理复杂信息系统的基本内涵、与现有系统理论之间的衔接和区别。论文最后给出了基于活性代理方法的复杂信息系统研究的基本内容和两个例子：一个是基于多活性代理的重症患者高级生命保持系统，另一个是复杂信息系统以分功能组成活性代理的框架，这些例子具体地说明了"活性代理"的作用。

论文最终提出可将该理论应用在强约束、强对抗环境下构建安全的多活性代理信息系统，为国防现代化及广大的用户需求提供更好的信息服务，解决对抗环境下信息系统发挥复杂功能的问题，开辟了系统科学在信息领域的新研究方向。

此后，在2008年王越又发表了论文《基于多活性代理的复杂信息系统研究》，在多活性代理理论的基础上从系统自组织功能剖面给出了活性自组织机理的两集合模型、信息安全与对抗领域多活性代理复杂信息系统构建的功能模型，以及在此模型基础上多活性代理的三层次协商、协调模型。通过讨论进一步证明了多活性代理理论将衔接应用基础层和应用层研究，对信息安全与对抗领域复杂信息系统的构建和分析提供基本的研究方法与理论支持。

多活性代理的理论有很多实际应用，以下是王越利用汶川地震的问题来解释系统活性以及和环境匹配的重要性。

比如说汶川地震通信中断，用活性代理的概念，就可以解决很多问题。任何具有自组织机理系统必须也要满足自组织机理充要条件。汶川地区有卫星通信、光纤骨干通信、移动通信三种并联通信系统，但地震仍造成通信中断，比如卫星通信断了，因为电断了。为什么骨干的光纤通信断了呢？因为地震把光纤震断了。为什么移动通信断了呢？移动通信长途的漫游要靠光纤通信骨干通信网，靠无线接力是不现实的，用户花不起多个无线站串联接力的电话费，也没法推广应用。这就是它的充要条件。那么一地震，要坏一起坏。有没有办法呢？当然有办法。如事先考虑应急情况，假如设置一个短波电台，就可以解决。短波的通信有很多缺陷，比如说带宽不够宽，信息量比较少，稳定性差，需要调频率。尽管短波通信并不是很先进的通信，但是它有自己的特点，即灵敏度高。卫星通信是36000km同步轨道，而短波通信依靠电波反射的电离层高度为几十千米，因而卫星传输路程和短波比较要远千倍、几百倍。那功率差多少？需要的功率与距离的平方成正比，所以卫星通信要几百瓦，而短波的通信几瓦就行了。这样我们就可以不要电网，甚至干电池也不要，直接用手摇发电机通信就可以工作。在没有电的情况下，地震把光纤也震断，所以光纤骨干通信网、移动通信卫星通信都没活性，但是短波通信有活性。所以系统设计要从活性的角度设计。像刚才说的这个问题，一个短波通信设备花不了多少钱，一个电台只需要几百块或者几千块钱就可以用了。有人可能说地震是小概率事件，每个乡广泛配是否浪费？前面已谈到多则几千元价格，对救援生命太值了！温家宝总理两个小时就赶到汶川，总参谋部13分钟就启动了应急措施，但是到了之后没信息，不知哪儿发生了地震，也不知震的情况怎么样。如何救援啊？所以启动很早但没有所需信息，救援受很大影响。假如有这套活性设计，那救援工作指挥可以早六七个小时铺开，很多人就可以救出来。从这件事情可以看出，系统设计要有活性考虑，要跟环境匹配，这种概念是特别重要的。

王越说，多活性代理理论和方法还将继续研究和推广应用，也还会有后续论文发表。

承担国家自然科学基金重点项目

王越进入北京理工大学后承担了一个国家自然科学基金的项目——分布式无源检测信息系统的理论与技术的研究。该项目是北京理工大学第一个国家自然科学基金重点项目，也是一个国防背景的项目，是对抗中的一个前沿问题。

20世纪70年代曾有过一场空地对抗，当时这场对抗，是对美国战后的第二代先进的战斗机，我国采用的是四五十年代的概念设计的装备去对付它，比如防空的高炮是1939年和1940年制造的，计算机是模拟机电式的、第二次世界大战时的计算机，雷达、光学设备都是1945年左右的产品。就利用这种体制、这种技术水平和美国对抗。而美国的飞机F-105（雷公）、F-4（鬼怪）、F-111（土豚）等都是20世纪60年代到70年代世界上最先进的装备水平。但是，对抗的结果却是我们打下美方的1700多架战斗机。所以美国不得不承认，这一代飞机对地攻击是失败的。

还是那句话"知彼知己，百战不殆"。美国失败的原因主要就是我国的装备抓住了美国对地攻击的弱点。在他们最后攻击的两分钟里，飞行的轨迹与当时我国的火控系统的设计参数和飞行是完全一致的。所以我们在近距离打飞机是很准的，但是在远距离不行。然而在他们攻击的最后几分钟，一定是逼近的。我国的战士就是敢于近战，所以就击落了1700多架。于是美国这一代的飞机，即F-105、F-4、F-111等的对地攻击，以失败告终。但是美国是不甘于失败的,他们有很强的科技实力,随后就发展了新一轮的对抗手段,就是利用隐身飞机实现视界外精确打击,敌人还未观察到自己时,就已经先打对方了。反辐射导弹、巡航导弹、隐身飞机再加上现在的无人驾驶飞机,这几种方式是美国对地攻击的发展,实际上战争的行为就是在不断对抗中不断发展。美国的对抗技术在不断提高,我国也不能落后,王越告诉我们这就是这个自然科学基金项目的立项背景。由于这个项目属于保密研究,因此王越无法透露关于研究的细节,但是他告诉我们,其实这个研究就是对多活性代理理论的一个实践。

毫米波探测系统——便携式雷达

毫米波探测是利用探测目标、背景的电磁热辐射来实现的,与可见光和红外探测相比,毫米波探测在雾、云、烟尘、沙暴等恶劣气候条件下具有潜在的优势。毫米波探测是依靠35GHz、94GHz、140GHz、220GHz毫米波的大气传播窗口来接受物体及背景的热辐射能量探测物体的特征,产生高分辨率的图像。研制毫米波雷达探测系统实际上是为下一代地面雷达的发展做预研。王越认为特征提取将是下一代雷达研制的主要发展方向:毫米波探测系统的研制涉及一个雷达未来的发展方向,这不是一个探测有无的问题,不是一个简单的抗干扰问题,也不是一个像现在预警集散一个信号处理问题,性能改善一点,这些都是重要的,但是不够前沿。前沿是什么呢?前沿要把对抗目标的特征给提出来。从哲理上来说,所有事物的存在,都是以他的特殊性来表征的。就好比是一个人存在,每个人跟别人是不一样的,任何事物的存在,都是有特殊性的。所以现代雷达的前沿是要找到对方的目标特征,是要提取目标特征。

"奥运雷达"

对大多数人来说,可能认为雷达只限于军事领域,而在我们身边其实就在用着雷达,王越在中央电视台《大家》栏目中录制了一期"没有盲区的天空",在栏目中他介绍了一个我们身边的雷达——"奥运雷达"。

2008年8月8日,我国主办了第29届夏季奥林匹克运动会,为了保证奥运期间的安全,奥运场馆上方已经被严密的雷达网监控了,这个雷达的

为了没有盲区的天空
——火控雷达专家王越的故事

组织设计者就是王越。据王越介绍，一般大型的飞行物入侵的可能性是不大的，因为有我国的警戒雷达网络来监控。而对小的，比如由本地起飞低空的带有无线电定位系统的航模，就可能被利用，对奥运场馆造成非常大的安全影响。奥运雷达正是用来监控这些低飞小目标的，这就需要一些技术先进的雷达。一个有趣的事情就发生在奥运会准备工作中，通过雷达监控器发现一个风筝的踪迹正向奥运场馆接近，于是通过雷达很快就判断出这个风筝地点在动物园附近，它的上空 Ka 波段是电磁频谱的微波波段的一部分，频率范围为 26.5～40GHz。Ka 代表 K 的正上方（K-above），换句话说，该波段直接高于 K 波段。Ka 波段也被称作 30/40GHz 波段，通常用于卫星通信，也包含在奥运雷达的监控范围内，所以很快就被雷达捕捉到了。

"奥运雷达"能够探测到很小的目标体，它有快速检测、快速定位的能力，所以就装了四部在奥运会的主场馆里。一个雷达集中监控空间 90°，四个正好 360°。这个雷达系统为奥运场馆的安防工作发挥了重要的作用。

平淡面对荣誉

王越所获得的荣誉可以说是数不胜数，对大多数人来说都是一个宝贵的财富，但是王越在荣誉面前表现得非常平淡。他的好多奖项都是别人推荐的，并非自己主动申请。即使是被评选为中国科学院的院士，也没有让他觉得特别的得意。他说："我把这些看成都是暂时的。你就是再得意、再顺利，反正你早晚还得死。是不是啊？你再有本事、再有条件，你能一顿吃两个饱吗？你吃不了，否则你就会被撑死。你睡觉能睡两个床吗？你睡不安稳，你不断地要在那儿滚，你能睡得好吗？你夏天能穿皮袄，冬天能穿绸缎吗？"跟王越有过接触的人都觉得他思维活跃、语言风趣、坚持原则、淡泊名利。

王越担任过很多的社会职务：国务院学术委员会学科评议组召集人，中国电子学会会士、陕西省电子学会副理事长、中国兵工学会副理事长、北京市学位委员会副主任、国家"十五"863（S863）专家组成员、国防科工委专家咨询委员会委员、总装备部科技委顾问、北京市人民政府顾问、何梁何利基金评审委员会委员、《学位与研究生教育》杂志主编等学术职务，有些已辞去，有些仍在承担。这些职务虽然属于兼职，但是王越依然非常认真地对待，在他76岁的时候，他主动要求辞去中国兵工学会副理事长的职位，当有人问起原因时，他说："按照国家规定，满70岁后不能再任国家一级学会的理事。在我75岁时兵工学会仍然提出要我继续任兵工学会副理事长，他们要向国家打报告，被我制止了。尽管我身体还可以，还可以做些事情，但是我不愿意超规定做一些事情，国家已经规定了，我不能搞特殊化。所以我坚决退出了。"

2010年，王越还担任了国家最高科学技术奖评审组初审组组长。国家最高科学技术奖是授予在当代科学技术前沿取得重大突破或者在科学技术发展中有卓越建树,在科学技术创新、科学技术成果转化和高技术产业化中创造巨大经济效益或者社会效益的科学技术工作者,国家最高科学技术奖每年授予人数不超过两名。这个奖项是由国家主席签署并颁发证书和奖金,奖金数额由国务院规定,获奖者的奖金为500万元人民币,其中55万元归个人支配。作为初审组组长,王越需要组织初评组从众多候选人中评选出3个,然后提交给评审委员会,评审委员会再到奖励委员会,最终选出两名。作为这个国家科技界第一的奖项,王越是评审的第一关,因此他觉得责任重大。他说2011年就是从11个人当中要选出3个来,这些科学家都很著名、很优秀,因此取舍也很难。

据中国科协的一些领导介绍,找王越做评委的非常多,其原因也是因为他对待科学的态度比较客观、公正,能够代表国家利益。2011年5月《科学时报》就院士增选的工作采访了王越,期间谈到合格院士候选人应具备的条件。王越认为:"候选人应是在科技领域做出系统的、创造性的成就和重大贡献,热爱祖国、学风正派的学者专家。"采访者问:"如果爱因斯坦'穿越'到现在,有资格成为院士候选人吗?"王越笑称:"我对物理前沿不懂,我想当候选人绝无问题,但不一定能当'选'。他的历史贡献是毋庸置疑的,核武器和核电技术的根基就是狭义相对论。然而现在来看,狭义相对论也需要进一步科学验证。以'自洽'而言,既然光速是绝对的,为什么这套理论要叫'相对论'呢?"

王越强调,判断学者科研水平和贡献时,要有历史的眼光。科学"规律"都有其相对性,因此也要看他们的工作对其后的科技水平提升有多大贡献。在院士增选期间,也曾经有一些候选人希望在评选中能够得到王越的支持,但是都被王越拒绝了。在访谈中,王越曾讲过一件事,某高校有院士增选的候选人,希望得到他的支持,但是又不好直接说明,于是就通知王越说要举办校庆活动,需要邀请王越院士来做报告。王越让秘书调查了一下,发现这所学校校庆不是当年,于是马上意识到这个邀请的实际意义,就毫不犹豫地谢绝了。王越认为在增选临近期内以各种变相拉关系帮助某个候选人的行为实质已经违背了院士遴选的规定,他非常珍惜自己的推荐权,努力推荐合格的候选人。

长期以来,王越对国家以及传统文化都有着深厚的感情。在前述《科学时报》的采访中,王越还提倡要弘扬优秀文化,他说:"文化是一个国家的精神命脉。弘扬民族文化中的优秀传统和优良品德,是院士的使命和责任的根本。讲正气，爱国家、民族和人民高于个人，更是我们中华文明中的美德，应珍惜发扬。中国改革开放30年的发展模式对世界有很大的贡献，虽然当前经济社会持续高速发展，但我们的传统文化和品德不能丢。精神文明建设一旦跟不上，必然产生各种各样的矛盾。在市场经济活动中讲经济效益，但并不是所有事都只顾钱"。王越在幼年时经历了抗日战争，在天津生活的时候体会了沦为亡国奴的屈辱，这些经历对他的人生观和世界观产生了很大的影响。据他介绍父亲给他起"越"作为名字是希望他早日越过这段灾难的年代，同时也是激励他超越自我，多做一些利国利民的事情。因此这种强烈的民族责任感和国家责任感早已经植根于他的心中。在长期的雷达研制工作中他始终将捍卫国家利益作为使命和己任，按照科学的发展规律办事。现在中国在逐渐崛起，但是国际环境依然很险峻，所以每当想到这些，他更加不以自己已经取得的成就孤高自恃，他说："这都是我作为一名中国人的责任！"

和谐家庭

王越夫妇只有一个女儿,三口之家,是一个充满着爱的中国传统家庭。也许从父母那里得到了传承,王越的家庭中尊老爱幼,充满了和谐。也正是这个充满爱的家庭,使他可以没有任何后顾之忧,全力以赴地投入到科学研究之中。70岁以前,夫人於连华是家庭中的后盾,后来夫人身体状况不佳,女儿便投入更多时间打理家中的事情,使他可以安心地投入自己所热爱的科研中。

王越的夫人於连华出生于江南之乡,是一位温柔、善良、清秀聪慧的知识女性。於连华高中毕业后便被分配到720厂,任技术员。1956年秋天,王越被分配到南京720厂实习。由于是军人,所以周末时王越经常和同学去南京的军人俱乐部跳舞、唱歌。一次偶然机会,於连华和王越相遇,便深深被对方吸引,从此坠入爱河。1957年王越分配到西安786厂后,於连华便毅然放弃南京的舒适生活,只身来到西安。1958年於连华与王越结婚后,便在厂里做技术员。在1959年政审中,由于复杂的社会关系,於连华不能再做技术员,只好到车间做质

王越夫妇与段经文夫妇合影(1960年。前排左起:於连华、於先华;后排左起王越、段经文)

量检验员。

因为於连华出生于江苏南京的教育世家，父亲是国民政府的房管员，母亲是善良勤俭的家庭妇女，叔叔和姑夫是国民党的督学，在南京教育界甚有名气。於连华叔叔家有个儿子叫於有文，中华人民共和国成立前逃到台湾，后在美国取得博士学位并在美国洛斯阿拉莫实验室工作过一段时间。回到台湾后在台湾的清华大学核工系教书。正是由于这种复杂的海外关系，於连华与王越在20世纪的几次政治审查中多次受到冲击。

1965年，王越一家三口的合影

王越常年在外研制雷达，照顾女儿以及家中的一切都是於连华来打理。20世纪80年代初期，王越当所长后更忙了。女儿那时正在脱产读大学，为了照顾孩子和王越，於连华提出提前退休，做好家庭的后盾。退休时，於连华只有47岁，退休工资寥寥无几。但是她甘心为王越和孩子的发展付出一切，自己做一个默默无闻的人。在王越80寿辰的庆典上，外孙王苏珏的第一句话就是："首先感谢奶奶，没有奶奶的支持，可能爷爷就不会有今天的成就。"

曾任北京理工大学校长办公室主任的苏青是这样评价於连华的：於阿姨是一位默默奉献的女人，她是王越家庭的坚实后盾。每次我到王校长家谈工作，於阿姨总是用洁净的青花瓷茶杯泡上一杯香茶送给我，然后就悄然退下，她对王校长的工作从不干涉。生活上，她凡事都亲自为王越准备，如果王越不出差，她每次都是做好饭等王越回来一起吃。

1986年，外孙出生后，於连华更忙了，为了支持女婿、女儿的工作，她一人承担着带孩子和所有的家务，但从来没有怨言。1992年女儿王小园带外孙出国以后，只剩下王越和於连华在国内。1993年王越调任北京理工大学校长后，他和夫人就居住在北京理工大学校内的一套普通的房子里，他们夫妇的生活非常简朴，夫人打理家中的一切，王越则忙他的工作。於连华把自己的爱给了家庭中的每一个人，家里的每一个人都很敬重和爱戴她。

科教兴国开新篇

一谈起夫人於连华，王越便情不自禁地流露出满脸的幸福，他给夫人打电话时的柔声细语充分展示出两位老人常青藤似的爱情。他的证书、奖状、工资都是由夫人保管，正是因为夫人打理着家中的一切，他才可以轻装上阵，全身心投入到工作中。这几年夫人的身体状况不如以前，王越回家后也是尽力承担家务，女儿劝他请个保姆，他和夫人都坚决反对，他认为自己能解决的事情就绝不麻烦别人。最终王越和女儿达成了一个折中的办法，请钟点工帮忙做一顿中午饭，其余事情则是王越下班后自己做。即使女儿人在美国，也会每天打越洋电话给父母，安排父母的生活。

而在家庭中，令王越得意的一件事情是一家三代都选择了电子工程专业：王越、女婿（王震宇）和外孙（王苏珏）都在从事电子通信领域的研究工

1999年，王越与夫人摄于南京

2010年元旦，王越一家团聚在北京［前排：於连华，王越；后排：王小园（女儿），王苏珏（外孙），王震宇（女婿）］

作，所以三人相见，共同的话题都离不开电子工程领域的前沿、热点以及在实际工程中的应用。

王震宇既是王越的女婿，也是爱徒。王震宇是这样评价王越对自己的影响的："我认为我从王老师那里学到的受益终生的是一种思维方式。在206所跟随王老师研究雷达的一些前沿技术时，他的系统思想潜移默化地影响了我，我也学会了从系统、从整体的角度去把握问题，总体上考虑好以后，再进行具体工作的把握，这样可以事半功倍。"

外孙王苏珏可称得上是王越的"心肝宝贝"。王苏珏出生后一直跟王越夫妇住在一起。也许是隔代亲的缘故，王苏珏跟王越夫妇的感情深厚。那时王越虽然工作很忙，但是也会抽时间带外孙出去转一转。

爷爷王越在王苏珏心中的地位是极高的。2008年王苏珏大学毕业前夕，被美国的著名金融公司摩根史丹利选中，那是很多美国人梦想的工作岗位，出过很多金融界的领头人。摩根史丹利每年都要从名牌大学选优秀的毕业生，当然给出的薪水很高，年收入大概20多万美元，比高级的科技人员还要多得多。但是王越建议他说："你别去，你将来干什么我不管，但你必须把PHD一口气读完。"在王苏珏的心目中，爷爷的话总是非常有道理的。最后他有条件地接受爷爷的建议，就是换一个学校读研究生。普林斯顿不想待了，王苏珏就到哥伦比亚继续读书了。其实普林斯顿的教授非常欣赏他，不希望他离开普林斯顿，就问他你爸妈对你的选择持什么意见？他说，我爸妈希望我留在普林斯顿。教授笑了说："哪一天，你要是不愿意待在哥伦比亚了，你就回来，我还要你。"

后来，王苏珏真诚地对爷爷说"您给我的建议是正确的。"王越很反对外孙去美国金融界工作的原因是他对美国的金融界有些看法。他认为美国的金融界虽然能赚大钱，但他们只管赚钱，并不管老百姓的死活。王越清楚地认

1989年，王越夫妇与外孙

科教兴国开新篇　175

识到美国的金融危机很明显就是金融企业家只顾赚钱推崇衍生经济产生经济泡沫引起的，全世界都跟着遭殃。他对外孙说："我不大愿意你去干给人'为虎作伥'的事情。我觉得你应该学点真本事，为社会做点事儿。"

王苏珏的研究方向和每一篇论文，王越都了解，时常也会和外孙讨论一些技术问题，但是更多的是只给一些建议。王苏珏对爷爷很尊重，每次通电话都会问："爷爷您对我有什么建议呢？"王越会说："爷爷没有什么建议，就希望你能早点睡觉，一点钟以前睡觉可以吗？不要拖到三四点钟才睡。"有时王苏珏也会问王越一些很长远的问题，例如："我博士毕业之后在哪儿发展？"其实王越很希望外孙能回国工作，为中国的科技发展贡献一份力量。但是即使己所欲，他也不会强加给外孙。所以每次外孙问此问题时，他都会说："你还有充足的时间考虑这个问题，不着急作决定。"

2012年4月1日，王苏珏特意和父母从美国回来参加爷爷80寿辰庆典，他在庆典上发言，很诚恳地谈到爷爷对他的影响。一是在他遭遇挫折时，从爷爷为雷达研制事业全力以赴的拼搏精神中，找到了出路。原来从小学到初中，王苏珏学习成绩一直很好。2000年，王苏珏考入当地最好的一所高中，那是从新泽西州六个镇的3000名初中生中挑选出21名学生，组成的一个科技特长实验班，这个班提前开设了九门大学课程，学习难度和竞争远远超出一般的高中，毕业时淘汰了1/3的学生，剩下的14名都考入美国著名大学。在这样一个智力因素上乘的班级里，王苏珏的成绩不再是那么优秀了。虽然

2012年，王越80寿辰之际，王越与胡海岩及陶然夫妇合影

算不上差，但是绝对不是他理想中的成绩，虽然父母不停地鼓励、鞭策他，却没有丝毫的作用，他很痛苦也很彷徨。在他找不到出路的时候，他回到了爷爷身边。那时爷爷还有很多的管理工作要做，但是一回到家里，吃过饭后，爷爷便开始研究数学、钻研雷达，看到爷爷对工作全力以赴地投入，他受到了触动。他问爷爷工作的动力是什么？爷爷回答"兴趣和责任。"回到美国后，王苏珏开始了自己的拼搏。正如王苏珏自己所言"我可能一生也达不到爷爷在事业上的高度，但是我的拼搏精神却在一步步接近爷爷。"在爷爷的激励下，王苏珏开始全身心地投入到自己所热爱的领域，高二以后便在强手如林中脱颖而出，2004年被普林斯顿大学录取。

二是爷爷的思维方式深深影响了王苏珏。王苏珏很小的时候，爷爷就给他买了一本老子的书（英文版），老子的相反相成深深印在王苏珏的脑海中，他明白了每一件事都有它的复杂性、相反性。如果没有高一的失败，他可能不会清醒起来，他明白了做事不能害怕失败，所以现在的他不怕失败，喜欢挑战，喜欢选择有难度的事情去做。

也许是秉承了王越豁达、真诚的性格，加上美国文化的影响，女儿、女婿和外孙都是非常坦诚的人，他们在寻求自己发展的同时，也在为社会发展贡献自己的爱心和职责。王苏珏目前正在从事下一代互联网技术研究，他的最大心愿就是让贫穷的人都能使用上高科技的产品和技术，实现技术使用方面的平等。